200

ACTIVIDADES SENCILLAS

PARA EMPEZAR SU PROPIO NEGOCIO

Por: Pedro Ponceano

ISBN: 1-4107-1262-1 (e-book)
ISBN: 1-4107-1263-X (Paperback)
ISBN: 1-4107-1264-8 (Hardcover)

This book is printed on acid free paper.

Título Original:
"200 Actividads Sencillas para
Empezar su Propio Negocio"
Primera Ediciòn – 2002
Baltimore, MD, USA

1stBooks – rev. 05/23/03

Derechos de Autor y Responsabilidad Legal

Colaboradores:

Julián Quezada	Luisa Rosanna
Esmarlyn Solange	Pedro Daneurys

Reconocimiento

Quiero expresar mi agradecimiento y mi más alto reconocimiento a Julián Quezada, por su extraordinaria colaboración y esfuerzo sin los cuales, la publicación de este material no hubiera sido posible.

Merecen también mi agradecimiento mis hijos Luisa Rosanna, Esmarlyn Solange y Pedro Daneurys, por su entendimiento y colaboración, durante la primera etapa de preparación de esta publicación.

Tabla de Contenido

INTRODUCCION

(J) ACTIVIDADES RELACIONADAS CON REPARACION

(K) ACTIVIDADES RELACIONADAS CON QUEHACERES DEL HOGAR

(L) ACTIVIDADES RELACIONADAS CON DECORACION

(M) ACTIVIDADES RELACIONADAS CON ENSEÑANZA

(N) ACTIVIDADES RELACIONADAS CON ANIMALES DOMESTICOS

(O) ACTIVIDADES RELACIONADAS CON VIAJES Y PASEOS

(P) ACTIVIDADES RELACIONADAS CON ASUNTOS TECNICOS

(Q) ACTIVIDADES RELACIONADAS CON OTROS QUEHACERES U OFICIOS

(R) ACTIVIDADES RELACIONADAS CON LOCALES COMERCIALES

Introducción

Este material ha sido cuidadosamente seleccionado y se ha presentado en un lenguaje sencillo, con el propósito de facilitar su entendimiento. Es oportuno señalar que, esto NO ES un manual para enseñar como desarrollar las actividades descritas; es simplemente un conjunto de ideas, cuyo propósito es despertar el interés de aquellas personas que han tenido o tienen en sus mentes, la inquietud, el deseo, la aspiración y/o disposición de ser dueños de un negocio, pero que solamente les falta tomar la decisión para lanzarse. Aunque se ha hecho un esfuerzo para tratar de producir un material libre de errores, no hay la garantía expresa o implícita a tal efecto.

Es el propósito, el interés y el deseo del autor que, la adquisición de este material proporcione una visión clara en la mente del lector de que, sí es posible hacer cosas, desarrollar ideas y poner en práctica actividades, para el establecimiento de un pequeño negocio.

Es importante destacar que, el éxito de un negocio depende, en gran medida, de varios factores, entre los que podemos mencionar algunos sin limitarse a éstos, tales como: honestidad, dedicación, responsabilidad, puntualidad, eficiencia, un poco de sentido común y algo que no puede faltar, que es el buen trato y la atención al cliente, ya que no podemos perder de vista que, el cliente es el factor determinante para la existencia de cualquier negocio.

Finalmente, toda persona o institución de cualquier índole que decida dedicarse a la realización de cualesquiera de las actividades descritas en este material, sin importar el tamaño o la naturaleza de las mismas, tiene la responsabilidad de solicitar y obtener los permisos y/o licencias de negocios requeridos para operar, así como, cumplir con el pago de los impuestos correspondientes requeridos por las autoridades locales, municipales o estatales.

El Autor

Actividades Relacionadas con Comidas y Bebidas

1.- Preparar Comidas para fiestas

Dentro de las actividades sociales, la fiesta ha logrado una notable trascendencia en nuestro diario vivir. Es tan notoria que hoy día ya no se necesita un motivo especial para celebrar un "party" (fiesta); esto significa que cuando se planea una fiesta, el asunto de la comida es un punto de discusión, debido a que no todas las personas tienen la destreza para planificar y preparar la comida en este tipo de evento. Por tanto, la preparación de comidas para fiestas puede convertirse en un gran negocio.

2.- Hacer Dulces para Vender

Así como existe una inmensa variedad de frutas, de esa misma manera contamos con varios tipos de dulces que pueden prepararse para fines de venta. Generalmente a todos nos gustan los dulces y si son agradables al paladar, pues mucho mejor. Aproveche esta oportunidad y dedíquese a la preparación de dulces para vender y desarrolle su negocio en esta actividad.

3.-Hacer Bizcochos o Tortas para Negocios

A la mayoría de nosotros nos encantan los bizcochos o tortas. Le sugerimos esta actividad y establecer un acuerdo con diferentes negocios para distribuirlos. Si son buenos sus bizcochos o tortas de seguro que muy pronto tendrá

mucha demanda, y recuerde incluir la receta de su país, és-
to podría ayudar un poco a desarrollar un buen negocio.

4.- Hacer Recetas Típicas de Cada País

Usted no tiene que ser un experto o experta para esto. En-
treviste personas de diferentes países sobre las costumbres y
variedades de comidas. En seguida esas personas le dirán todos los ingredientes que se usan para un determinado plato
y como se prepara. No olvide que a todas las personas les
gusta siempre hablar de comidas típicas de sus países. Recuerde, usted no va a preparar esas comidas; es solamente la
receta e instrucciones de como se cocina.

5.- Hacer Recetas de Dietas para Rebajar de Peso

Es bien sabido que la dieta es una de las cosas que más
preocupa a hombres y mujeres en esta época moderna, donde el gordo quiere ser delgado, el que es delgado quiere en-
gordar, el que no tiene mucho estómago quisiera tener un
poco más, el que tiene un poco más no quiere tener nada, etc.
Esta es una actividad que tiene un gran potencial de negocio.
Busque productos específicos y prepare las recetas e instrucciones. Recuerde que la dieta tiene que ser efectiva para que
usted pueda desarrollar su negocio con éxito en esa área.

6.- Hacer Bocadillos para Ocasiones Especiales

Los bocadillos son picaderas muy fáciles de preparar y que nunca faltan en las fiestas de cumpleaños u otras actividades de grupos sociales. De igual manera, algunos negocios prefieren tener en sus vitrinas este tipo de comida rápida que venden como aperitivo. Si usted se las ofrece les estará facilitando el trabajo y haciendo su propio negocio. Para esto deberá de establecer contacto con varios negocios de venta de comida para que les supla bocadillos.

7.- Preparar Jugos Naturales para Vender

En época de calor cuando el cálido verano se encarga de sacar a las personas de sus hogares, no hay nada más reconfortable ni refrescante que un delicioso jugo natural. Hay quienes preparan un carrito manual y se instalan en una esquina de gran movimiento de personas y desarrollan así una buena actividad comercial que les produce buen dinero diario. Si usted trabaja puede hacerlo solamente durante el fin de semana, en lugares donde hay más afluencia de personas, como una actividad de tiempo parcial.

8.- Preparar Cocteles para Fiestas u Ocasiones Especiales

El arte de preparar el exquisito coctel (cocktail) que dará el toque del verdadero sabor a la fiesta de tan especial ocasión, siempre es bien remunerado, pués es una especialidad muy particular que tiende a conquistar los más exigentes gustos. Por lo tanto, también produce dinero. Especialícese en esto y desarrolle su propio negocio.

9.- Preparar Desayuno y Comida Ligera para Vender en Lugares de Trabajo

Con una pequeña Van o un pequeño Camión preparado, usted puede dedicarse a ofrecer desayunos y comidas ligeras para vender en lugares de trabajo, tales como talleres de mecánica, fábricas, etc. Para ello necesitaría identificar cuatro o cinco puntos donde trabajen numerosas personas y establecer un horario de pasada en cada lugar. En pocas semanas esto le permitirá tener un negocio bien establecido, con sus clientes fijos.

10.- Preparación de Comidas Ligeras

Esta variedad de comida ligera es muy económica y popular y es bien fácil de preparar, siendo además muy agradable y que gusta mucho. Sus clientes están en todas partes para degustar los ricos Tacos y Burritos, Anticuchos, Arepa o Torta de Maíz, Churros, Pastelitos, Quipes, Empanadas, Chimichangas, Chimichurris, Perros Calientes, Tortillas, Pupusas, Tamales, Pinchos, etc.

11.- Hornear Pavos, Pollos y Perniles a la Orden

Muchas personas, en ocasiones, quisieran disfrutar de un

pavo, un pollo o un pernil horneado, pero debido a lo trabajoso que resulta, sencillamente optan por olvidarse de esto. Pero si conocen que usted lo hace con un sabor exquisito y una presentación que despierta el apetito, solo tienen que dar una llamadita y ordenarlo. No olvide que la eficiencia y la calidad cuentan mucho.

12.- Venta de Helados o de Hielo Guayado con Sirop

Muchas personas aprovechan la época del verano sofocante para establecer uno o varios puntos de venta de helados o de hielo guayado con sirop, usando un pequeño carrito de mano. Existen diversos lugares para el establecimiento del punto, como puede ser alrededor de parques de recreación, esquinas de mucho tránsito de personas, cerca de grandes establecimientos comerciales, paradas de vehículos de transporte masivo, etc.

13.- Venta de Frutas en las Calles

También la venta de frutas frescas en las calles es una actividad muy sencilla y que deja buenos beneficios. Esto se puede hacer usando un pequeño carrito manual o un carretón tirado por un caballo. Todo depende de como usted prefiera hacerlo y le resulte más económico y más cómodo.

14.- Preparar Pizas en Miniatura

Preparar pizas en miniatura o pequeñas (en cajitas para una o dos personas) para vender en puestos fijos o ambulantes. La tecnología nos ha puesto a mano unos cómodos hornos eléctricos que facilitará el trabajo en un 80 por ciento. De igual modo, existen algunos negocios que venden las pizas preparadas en cajitas que solo tiene que hornearlas. También se pueden hacer en los hornos que utilizan el carbón como combustible. Usted determinará el medio de distribución que le sea más práctico y conveniente.

15.- Preparar Sandwiches Fríos y Calientes

Los sandwiches son los titulares de la llamada comida rápida; los centros de expendio proliferan por doquier, pero el negocio grande está en prepararlos y distribuirlos a los establecimientos comerciales, aunque también los puede hacer y vender directamente al consumidor final. Muchas personas prefieren comerlos fríos, mientras que otros lo desean tostados o calientes. El sandwiche es uno de los alimentos más preferidos por la gente que trabaja temprano en la mañana. Venda en el mismo lugar un apetitoso jugo, soda, café o té.

16.- Hacer Pan y Otros Productos Horneados

El pan es un producto que tiene gran demanda en la dieta diaria del individuo. En la mayoría de los hogares prefieren la preparación de un desayuno rápido a base de pan o galletas por lo práctico que es al acompañarlo. Su elaboración también es sencilla. Quien se dedique a hacerlo y venderlo a domicilio o en un puesto de expendio, habrá elegido un gran negocio. Solo basta con recordar la gran varidad de panes que existen en el mercado; además, usted puede hacer su propia creación.

17.- Freidurías o Frituras

El expendio de comida rápida constituye hoy día un buen negocio y la venta de frituras no es la gran excepción. Al hombre latino que trabaja fuerte le gusta mucho saciar su apetito con chicharrones, carnes fritas: de cerdo, pollo, res o pescado. Quien esté dispuesto a cubrir esta necesidad solo tiene que ubicar el lugar, armarse de algunos útiles de cocina y preparar la carne; la venta saldrá muy fácil.

B

Actividades Relacionadas con Limpieza

18.- Limpieza de Apartamentos y Casas

Esta es una actividad por la cual las personas muy ocupadas, generalmente pagan dos o tres horas semanal y hasta dos veces por semana. Esto le permite a usted organizar un horario, de manera tal que usted puede completar un buen salario semanal, trabajando sólamente unas pocas horas diarias. Ofrezca sus servicios y organice su negocio.

19.- Cortar la Grama y Limpieza de Jardines

Esta actividad es constante en los Estados Unidos, desde mediados de la primavera hasta casi la entrada del invierno con la caída de hojas de los árboles. Muchas personas no lo hacen debido a su imposibilidad y a veces se les dificulta localizar a alguien quien pueda hacerlo. Esta persona podría ser usted. Simplemente ofrézcale el servicio y muy pronto tendrá muchos clientes al correr la voz. En países de clima tropical también puede desarrollarse este tipo de actividad.

20.- Pintar Apartamentos, Casas u Oficinas

Por diversas razones, siempre hay necesidad de pintar la casa, el apartamento o la oficina, ya sea por motivo de una fiesta, por una reparación menor o por cualquier otra razón. De manera que, por este oficio, casi siempre hay que pagar a alguien particular quien lo haga. Ofrezca sus servicios y establezca su propio negocio.

21.- Lavar y Limpiar Carros

A toda persona que posee un vehículo le gustaría tenerlo siempre limpio, especialmente durante el fin de semana. Usted podría establecer un servicio a domicilio para esta actividad y de seguro obtendrá muy buenos resultados. Para esto no se necesita gran inversión. Con una cubeta, jabón y paños limpios y una brocha grande o escoba suave, es suficiente.

22.- Limpieza de Oficinas

Muchas oficinas pequeñas y medianas no pueden pagar un salario semanal a un empleado de conserjería, por lo que prefieren confiar ese oficio a una persona particular que trabaje algunas horas y haga este servicio. Esto generalmente se hace en horas de la noche o muy temprano en la mañana, cuando la oficina está cerrada para el público.

23.- Limpiar Ventanas de Apartamentos o Edificios

Esta es una actividad que no está incluída dentro de la limpieza de apartamentos debido a que, para esto se requiere de algunos aditamentos especiales, apropiados para la altura y la incomodidad en la limpieza. Usted puede dedicarse a ello y levantar su negocio propio.

24.- Limpiar Cristales para Negocios

Esta es una de las actividades más comunes en cuanto a la limpieza se refiere ya que, la mayoría de establecimientos comerciales tienen cristales en el frente y siempre hay que tratar de mantenerlos limpios. Muchas personas hacen de esto una actividad que les produce un buen ingreso semanal. Ofrézcale el servicio de limpieza de los cristales.

25.- Limpieza de Alfombras y Carpetas

En la actualidad existe gran demanda para este tipo de servicio, ya que la alfombra de la casa, del negocio o de la oficina, requiere de un cuidado especial para que mantenga una buena apariencia, para lo cual se necesita cierta habilidad y un poco de tiempo. Es por ello que, normalmente, las personas tienen la necesidad de pagar a alguien por este trabajo. Adquiera los equipos y materiales necesarios, desarrolle los conocimientos para esto y dedíquese a este tipo de negocio.

26.- Limpieza de Garages, Basements o Sótanos y Patios

Generalmente, muchas personas nos ocupamos en acumular cosas inservibles y objetos que no necesitamos. Llega un momento en que esto ocupa tanto espacio en la casa, que no hay donde poner más, pero que pocas veces tenemos el tiempo necesario para recogerlos y botarlos. En muchas ocasiones las personas necesitarían de alguien que ofrezca ese servicio.

Si tuvieran el número de su teléfono, lo llamarían ahora mismo para que se encargara de recoger y botar todos esos objetos viejos que solo están ocupando espacio en la casa.

27.- *Remover y Botar Arboles de Navidad y otros objetos de Decoración*

Si usted se da cuenta, a todos nos gusta decorar nuestras casas para aquellas ocasiones de celebración tradicional, tales como Navidad, Halloween (día de brujas), Thanksgiving, (día de Acción de Gracia) etc. Pero una vez pasada esa temporada empieza la preocupación de cómo y cuándo recoger todo esto y botarlo. Esta es otra actividad por la cual las personas estarían gustosas de pagar si conocieran a alguien quien les ofrezca ese servicio. Asegúrese donde están ubicados los lugares públicos para depositar estos desperdicios, para que no los tire en un lugar donde molesten a otras personas ni creen problemas de urbanidad.

28.- *Remover Nieve de las Entradas de Viviendas o Negocios y en Parqueos*

Es muy bonito ver caer la nieve e incluso salir a jugar con ella, sobre todo los niños. Pero luego cuando se acumulan unas cuantas pulgadas y hay que salir de la casa o cuando hay que mover el carro, esto se convierte en un verdadero dolor de cabeza. Igual problema enfrentan los dueños de negocios cuando al frente de sus negocios están las puertas cubiertas por la nieve. Muy pocas veces están las personas disponibles para remover tanta nieve o el frizante hielo. Si usted puede ofrecer ese servicio, le aseguramos que en los tiempos de invierno siempre tendrá mucho trabajo a su disposición. Este tipo de trabajo en muchos lugares es muy bien pagado. No se olvide dar su número telefónico para que sea llamado en una próxima ocasión, o para ser referido.

Actividades Relacionadas con el Cuidado de Niños y otras Personas

29.- Cuidado de Niños

El cuidado de niños es una de las actividades domésticas más comunes, debido a que las parejas, normalmente, ambos tienen que trabajar. Pero además de las parejas, existe un número considerable de madres solteras y en muchos casos padres, los cuales tienen la necesidad de pagar a alguien para que cuide de sus pequeños mientras ellos trabajan. Si usted es una persona que le gustan los niños y sabe como cuidarlos, aquellas personas con niños pequeños estarían gustosos de encontrar a alguien como usted.

30.- Ayudar a Niños que Tienen Problemas con sus Trabajos de Escuela

Sabemos que todos los niños, en algún momento necesitan ayuda para completar sus tareas de la escuela en el hogar y debido a que la mayoría de los padres trabajan y generalmente llegan tarde a la casa, no les queda mucho tiempo para sentarse con los hijos a prestarles la ayuda que éstos necesitan. Para esto usted solo tiene que darse a conocer un poco y ofrecer sus servicios. Puede empezar tratando con sus vecinos más cercanos.

31.- Llevar Niños a la Escuela y Recogerlos

Para todas aquellas personas con niños en la escuela y que tienen que llevarlos y recogerlos, usted podría ser de gran ayuda. Usted podría reunir dos, tres o cuatro de estas familias y cobrarles por ese servicio.

32.- Recortar el Cabello a Niños de Personas muy Ocupadas

El llevar niños al salón o a la peluquería para recortarles el cabello, es un verdadero dolor de cabeza para los padres, porque se pierde mucho tiempo con ellos, se sienten incómodos, gritan y en las peluquerías generalmente no les gusta recortar el cabello a los niños. Usted puede especializarse en esta actividad y ofrecer el servicio a domicilio. El equipo para esto es muy económico y fácil de usar. Hágase un(a) peluquero(a) para niños y desarrolle un negocio en grande.

33.- Acompañar a Personas Mayores o Enfermas al Hospital u Otros Lugares

Usted puede convertirse en la persona favorita para acompañar a aquellas personas mayores o enfermas, que no pueden ir solas al hospital o a hacer alguna otra actividad fuera del hogar. Son miles y miles de personas las que tienen esa necesidad en cada país, lo que les hace la vida bastante difícil y les gustaría encontrar a alguien de confianza que pudiera ayudarles en esto, sirviéndoles de compañía cuando tienen que salir del hogar a hacer algunas cosas personales.

34.- Cuidar Ancianos o Personas Enfermas

Esta es una necesidad creciente cada día en muchos países debido a que, son muchos los ancianos y/o personas enfermas que necesitan de alguien que tome el cuidado de ellos; porque sus parientes tienen que trabajar y por lo tanto, tienen que pagar a alguien para que se los cuiden.

D

Actividades Relacionadas con Compra y Venta

35.- Comprar y Vender Antigüedades

A muchas personas les gusta el arte de coleccionar objetos y artículos antigüos, mientras que muchas otras los compran para revenderlos. Las antigüedades generalmente son pagadas a muy buen precio y mientras más antigüo el objeto más valor tendrá. Dedíquese a la compra y venta de artículos antigüos y gane mucho dinero.

36.- Vender Revistas para su Comunidad

Casi a todas las personas hispanas les gusta siempre leer revistas en español. Existe una gran variedad de estas revistas que las personas las comprarían si alguien se las ofrece. Cada país tiene una, dos o más revistas que son las que las personas más prefieren, ofrezca este servicio por correo o a domicilio y haga de él su propio negocio.

37.- Vender Artículos u objetos Usados

Es extensa la variedad de artículos u objetos usados que se pueden vender los cuales pueden obtenerse a muy bajos precios para luego revenderlos obteniendo una buena ganancia. En los llamados "Mercado de la Pulga" siempre se encuentra una gran variedad de artículos usados y esto puede ser un gran negocio.

38.- Vender Libros y Revistas de Eventos Importantes de la Actualidad de su país a sus Compatriotas

A todas las personas que viven fuera de su país les gustaría estar enteradas de los eventos u acontecimientos más importantes de la actualidad de sus países. Siempre hay diferentes publicaciones que se especializan en relatar los acontecimientos importantes más recientes de cada país, ya sea en política, cultura, farándula, etc. Usted puede afiliarse a las casas distribuidoras para hacer las órdenes, de acuerdo a los pedidos que le hagan y así se convertirá en distribuidor intermedio.

39.- Vender Artículos Especiales para Regalos

Cada día de la vida viene sobrecargado de motivos para hacer un regalo a alguien por diferentes razones, ya sea por el cumpleaños, el aniversario de bodas, el nacimiento del bebé, el bautizo, la despedida de soltera, etc. y esto aveces se convierte en un verdadero dolor de cabeza, porque muchas veces no se sabe cual es el regalo apropiado para la ocasión. Ayude a las personas a decidir y ofrézcales venderles el regalo apropiado para ese momento tan especial; con ello les ayudará a resolver un gran problema, a la vez que está haciendo negocio y ganando dinero con una actividad que es relativamente fácil y entretenida.

40.- Vender Ropa Interior para Mujeres y Niños

Muchas personas hacen de esto un gran negocio que les deja muy buenos ingresos, ya que esto constituye una necesidad del diario vivir. Usted compra al por mayor y vende al detalle, obteniendo una modesta ganancia y pronto puede contar con una gran clientela fija, estableciendo así su propio negocio.

41.- Vender Artículos en Miniatura para Colección

Hoy día es posible fabricar prácticamente cualquier tipo de artículo en miniatura y a las personas les encanta comprar miniaturas para coleccionar o simplemente para satisfacer una curiosidad. Dedíquese a la compra de estos artículos para venderlos y le aseguramos que obtendrá muy buenos resultados.

42.- Vender Camisetas con Diseños Especiales

Cada persona extranjera que vive en otro país desde que ve algo con el nombre de su país le llama la atención; también el primer nombre de la persona es un símbolo de mucho atractivo. Por ejemplo, si usted entra a una tienda de souvenirs y ve camisetas con nombres de personas o de países, por curiosidad usted empieza a buscar el nombre suyo gravado en esos objetos y si lo encuentra es muy probable que lo compre de inmediato.

43.- Vender Leña para Chimenea, (Calefacción) Horno y Calderas

Para esta actividad es indispensable poseer un vehículo (Van o una camioneta pequeña). Es una necesidad para los dueños de casas que tienen este sistema de calefacción, comprar leña para la chimenea de su casa en invierno, ya que la necesitan y ellos no pueden buscarla. Usted tiene que averigüar sobre las regulaciones para este tipo de actividad en su país.

44.- Vender Productos Naturales de Nutrición

Los productos naturales han y están alcanzando gran popularidad recientemente, al grado que ya se habla bastante de médicos naturistas y medicinas naturales; así que este es un buen renglón para empezar un sistema de ventas desde su hogar. Anímese y establezca un negocio de venta de productos naturales.

45.- Distribuir Productos para Establecimientos Comerciales

El establecer una ruta para la distribución de productos a diferentes establecimientos comerciales es una actividad que deja muy buenos beneficios, ya que es un sistema de abastecimiento constante de productos específicos, el cual se realiza dos o tres veces por semana, dependiendo del tipo de producto o productos. De manera que durante la semana, usted puede cubrir una buena cantidad de negocios, alternando los días de distribución por áreas.

46.- Vender Computadoras Usadas y sus Piezas o Repuestos

En un mundo tan dinámico en el desarrollo de los negocios, la tecnología surge siempre con algo nuevo y más moderno; así, la computadora se ha ido perfeccionando día a día, lo que permite que muchos usuarios de estos equipos sientan la necesidad de cambiar los que tienen, por otros más eficientes. Así que usted puede dedicarse a la compra de computadoras usadas para revender, como también ofrecer a la venta piezas y repuestos para repararlas o para actualizarlas.

47.- Comprar Prendas y Accesorios Femeninos para Vender

Son muchas las personas que hacen de esto una actividad dinámica y remunerativa, ya que la mujer siempre necesita accesorios y prendas, tanto para sus actividades del diario vivir, como para sus actividades sociales especiales. Si usted se dedica a esto le aseguro que muy pronto podría contar con un negocio que le permitirá recibir un ingreso sustancial.

48.- Vender Artículos por Catálogos de Grandes Compañías

Existe un gran número de empresas fabricantes de diferentes variedades de artículos que utilizan el sistema de catálogos para la venta de muchos de sus productos. Estas compañías proveen los catálogos que muestran, a todo color, los productos en diferentes diseños y los precios, de manera que este es un tipo de negocio con alto grado de seguridad, porque usted solamente ordenará lo que sus clientes le ordenen pedir.

49.- Comprar Artículos u Objetos Raros y Curiosidades para Vender

Cuando las personas ven un artículo u objeto que les parece raro o curioso, esto les llama la atención, se detienen a verlo y a examinarlo y por lo general lo compran. No es una actividad muy común, por lo que en este campo no habrá mucha competencia.

50.- Comprar Juguetes para Vender

Usted puede visitar las tiendas de juguetes y adquirir una gran variedad de éstos para ofrecerlos a personas que tienen niños. Cuando los niños vean los juguetes convencerán a los padres para que se los compren y es algo que siempre se vende. Debe tratar de que sean, generalmente, juguetes que estén al alcance de los padres para que éstos puedan comprarlos.

51.- Venta de Monedas, Estampillas, Sourvenirs y otros Artículos para Coleccionar

Aunque usted no lo crea, la venta de monedas, estampillas, sourvenirs y otros artículos para colección, podría resultar un negocio lucrativo. Estos artículos pueden ser obtenidos con amigos cuando viajan a sus respectivos países, o en intercambios con otras personas que también se dediquen a coleccionarlos. Estas piezas de colección serán luego vendidas a los coleccionistas. Existe una amplia variedad de artículos que pueden coleccionarse. Entre éstos podemos mencionar algunos como: autógrafos, cerillos (fósforos), billetes, billetes de lotería, etc.). Recuerde, cada pieza para colección tiene que estar completa, sin rotura y en buena apariencia física. Mientras más vieja la pieza, mayor es su valor. Hay piezas que llegan a costar hasta $25,000.00 dólares y más.

52.- Negocios de Multi-Niveles

Hoy día está muy de moda la venta de productos en cadena de distribución. A este trabajo se le llama "Multinivel", a lo cual también se le agregan artículos de uso diario en el hogar y para bajar de peso. Se consiguen a través de un representante que va enrolando personal en cadena, mientras las ganancias de éstos se perciben por comisión de las ventas y por conseguir interesados en formar parte de los niveles de vendedores. Se desarrolla en tiempo libre y su pago lo recibe por correo desde la casa matriz. El negocio solo es convencer a sus amigos y compañeros de trabajo a que consuman o recomienden determinados productos. Anímese y ponga en práctica su poder de convencimiento.

53.- Vender Flores Naturales en Lugares Públicos

El mensaje más bonito es el que representa una flor. Es por

ello que, la venta de flores en los lugares públicos podría significar una idea genial para quien lo ejerce y a la vez, una tentación para la pareja de enamorados. Una flor es un símbolo muy atractivo para una mujer; por lo tanto, todo hombre que pasa por su negocio se verá tentado a comprar este adorno con la intención de agradar a su compañera o a su enamorada. Si le interesa puede venderlas por docenas o al detalle. Los mejores lugares de ventas son las calles de mayor concentración o tránsito de personas, o en el camino de importantes empresas de servicios públicos. También, en los centros nocturnos y restaurantes. En las floristerías se pueden adquirir las flores al por mayor, para que las ofrezca al detalle. Además, puede agregar a su negocio la venta de perfumes y fragancias de colonia. No se olvide que las flores se expresan por sí solas.

54.- Venta de Acciones en la Bolsa de Valores

El negocio de la bolsa de valores es muy lucrativo, es una tremenda forma de conseguir la tan anhelada independencia económica. Se realiza comprando acciones de una compañía líder del mercado que le garantice un aumento en su inversión, comprando a un precio inferior al que vende. Lo importante del tema sería aprender el negocio y cuándo determinar cuáles serían las mejores compañías y el momento indicado para comprar o vender. Generalmente, esto se hace a través de un brocker o alguna compañía a través del Internet. Busque los lugares donde se ofrecen seminarios sobre cómo invertir en la bolsa de valores. El movimiento diario de este negocio se puede ver a través de la televisión, los periódicos o el Internet. Este negocio también conlleva un alto riesgo.

55.- *Vender Accesorios para Beepers y Teléfonos Celulares*

Los avances tecnológicos mantienen comunicado a los cinco Continentes, a través de un simple aparato telefónico; más aún, tratándose de un móvil, la demanda de celulares y localizadores ha sido mayor. Si nos disponemos a vender sus accesorios podríamos asegurar un buen ingreso, apoyado en la súper abundancia de estos equipos. Este negocio es tan simple como ofrecer al usuario estuches, baterías, antenas, cargadores, etc. para su aparato. Comprar a un precio y vender a otro superior por el servicio a domicilio. El beeper o localizador también entra en esta categoría.

56.- *Vender Peluches y otros Juguetes para Niños*

Si preferimos un negocio sencillo y poco complicado, solo tenemos que dedicarnos a la venta de peluches y otros juguetes para niños. Los infantes gustan de tener cantidades de juguetes en su rededor y usted puede suplirlos. Los peluches pueden ser confeccionados en casa, utilizando retazos de tela o lana, para luego forrarlos con una cubierta que venden en las tiendas especialmente para esos fines.

57.- Venta de Espejuelos y Sombrillas

En las grandes ciudades están las mejores oportunidades de salir a camino con su propio negocio; a cada momento se le puede sacar el mejor provecho. Por ejemplo, en temporada de verano podemos vender espejuelos de sol en una vía de gran movimiento peatonal. Siempre son necesarias unas gafas de sol. Pero si la situación es contraria y está lloviendo, es tan sencillo ofrecer a la venta sombrillas a las personas que se dirigen de prisa hacia su trabajo. !Quien no lo agradecería! Nunca estamos seguros de cuando viene el temporal, pero los más habilidosos le sacan el mejor beneficio. Ambos artículos pueden adquirirse a bajos precios, comprando cantidad en tiempos que no se necesitan.

58.- Comprar al por Mayor y Vender al Detalle

Es un buen negocio cuando usted compra a un precio y vende a otro superior. Esto puede lograrse cuando se adquiere mercancía al por mayor y vende al detalle. El distribuidor puede vender por debajo del precio porque compra directamente de la fábrica; esta es la razón que cuando recibe el surtido, muchas veces puede obtenerlo a mitad de precio o muy inferior al precio real. Donde más frecuenta ese estilo de negocio es en ropa o los textiles. Disfrute usted también del maravilloso mundo de los negocios y declare su independencia económica.

59.- Comprar Carros Usados para la Venta

En muchos países hay personas que tienen la modalidad de cambiar su carro cada uno o dos años. También algunos gobiernos frecuentan hacer subastas donde ofertan vehículos al mejor postor. Estos vehículos, en la mayoría de los casos, están en buenas condiciones, ya que son automóviles reposeídos por el banco o incautados por las autoridades. Si tiene algún dinero que pueda dedicar a la compra y venta de estos vehículos, estará hacieno buen negocio, puesto que cada día son mayores las necesidades de transporte y las pocas facilidades de adquirir uno nuevo. Usted no necesariamente tiene que tener mucho espacio de terreno para ubicarlos y siempre esté a la espera de un comprador potencial.

Actividades Relacionadas con
Manualidades y Artesanías

60.- Elaborar Flores Artificiales para Vender

Algunas personas se especializan en la elaboración de flores artificiales, haciendo imitaciones excelentes que, muchas veces, tienden a confundir porque no se sabe si son naturales o artificiales. Estas flores decorativas son muy prácticas y tienen un buen mercado. Especialícese en la elaboración de flores artificiales y desarrolle un buen negocio en esta actividad.

61.- Hacer Artes Manuales u Objetos Decorativos para Vender

Confeccionar cordones o trenzas tejidas, portarretratos para escritorios, simular animales o insectos (mariposas, patitos, pollitos, palomas o la cara de cualquier animal, etc.), así como cualesquiera otros objetos decorativos para hogares, oficinas, bancos, etc. Esto puede hacerse en diferentes materiales como madera, hilo de bordar, plástico, etc. Para ello usted puede aprovechar desperdicios de madera, metal u otros materiales.

62.- Confeccionar Souvenirs para Bodas, Bautizos y Cumpleaños

Es bien sabido que en la celebración de bautizos, cumpleaños y bodas, nunca faltan los populares souvenirs, que son aquellos pequeños adornitos, con la fecha y los nombres de los que se casan, cumplen años o son bautizados, para que sirvan de recuerdo. Hoy día es amplia la variedad de materiales que puede usarse para confeccionar estos souvenirs, incluyendo la figura simulada de las personas objeto del agasajo. Desarrolle su habilidad y establezca un negocio en grande.

63.- Fabricar Artículos de Cerámica

Confeccionar artículos de cerámica es una actividad que no requiere de equipos sofisticados ni de una gran inversión. Usted puede fabricar objetos decorativos de cerámica para salas, cuartos de dormir, ventanas, hacer ceniceros y muchos otros usos. Muchas personas se dedican a esto y logran obtener muy buenos resultados económicamente hablando.

64.- Fabricar Cofresitos de Madera

Este es un tipo de manualidad cuyo mayor atractivo se caracteriza por el agradable olor que despide la madera y son muy usados para guardar prendas y adornos femeninos. Usted puede confeccionar estos en cedro, pino, caoba o cualquier otro tipo de madera apropiada.

65.- Fabricar Muebles en Miniatura

En la mayoría de los centros comerciales de los lugares turísticos que venden souvenirs, usted no siempre encontrará muebles en miniatura, muchos de los cuales tienen un propósito decorativo para estantes. Es por eso que este es un renglón con un alto potencial de venta en el mercado. También, los muebles en miniatura se han popularizado como muebles para juegos de muñecas. Por qué no intenta y pone en práctica esas habilidades que están dormidas dentro de usted?

66.- Pintar Tarjetas que Sirvan para Días Festivos

En el mercado hoy día todo se vende. Para esto solo se necesita un poco de imaginación y creatividad. Muchas personas tienen ésta y tantas otras habilidades, pero a veces no se dan cuenta que las tienen y otras veces lo saben pero no tienen la idea de cómo y dónde desarrollarlas. Es una actividad que prácticamente no requiere de capital para empezarla, ya que los materiales a usar son tan baratos que están al alcance de cualquier presupuesto. Muchas veces los niños tienen mucha creatividad e imaginación para esto, lo que puede ser una ayuda auxiliar para usted, de manera que, por ahí puede empezar su propio negocio.

67.- Confeccionar Muñecas de Trapo o de Felpa

En el pasado, la muñeca de trapo o de felpa era la única muñeca que existía. Luego se desarrolló la industria del plástico y esto empezó a reemplazar la muñeca original. Hoy se ha regresado a la moda de la muñeca de trapo o de felpa y se venden más caras que las de plástico. Así que, esta es otra de las tantas actividades que puede ponerse en práctica para desarrollar un negocio.

68.- Confeccionar Ropa para Muñecas

La confección de ropas para muñecas se está haciendo cada vez más popular con la variedad de modas y diseños de prendas de vestir, así como la gran diversidad de muñecas que existen hoy día en el mercado. A las niñas les encanta tener sus colecciones de muñecas, pero tienen también la necesidad de comprarles su ropa para cambiarlas, lo que se ha convertido en un gran negocio.

69.- Fabricar Marcos para Cuadros

Estos pueden ser confeccionados en madera, metal, plástico o cristal, etc. Un trabajo delicado e ingenioso con diseño llamativo paga buenos beneficios. Esto es un oficio que cualquier persona podría intentar desarrollar como negocio.

70 .- Diseñar o Adornar Juegos de Ropa para Camas

Diseñar ropas para camas podría ser un buen negocio, puesto que deben tenderlas constantemente y más aún, cuando se trata de lugares calurosos. Estas cuentan con un buen mercado, tanto así que hoy día existen tiendas cuya especialidad es vender exclusivamente ropas para la cama. Casi siempre cada cama tiene más de un conjunto de sábanas y almohadas.

Es una idea excelente confeccionar este tipo de producto para ofrecerlo en venta, el cual, si es atractivo, tendrá muy buena acogida en el mercado. Su confección es sencilla. Armese de buena voluntad, compre la tela, una máquina de coser, y manos a la obra.

71.- Diseñar Piñatas y Prepararlas

El trabajar para los niños es muy divertido y también podemos hacer de ello un negocio. Hacer las piñatas es muy sencillo, pues armando una caja, globo, peluche gigante, canasta, etc. y decorándola con papel celofán en diferentes colores, alusivos a la occasión, tendríamos uno de los mayores atractivos para los niños en su fiesta de cumpleaños. Luego va rellena de golosinas en su interior, para cuando sea destrozada por el anfitrión, los dulces quedan esparcidos por el suelo. Generalmente, los caramelos se introducen en pequeños paquetitos, dependiendo de la cantidad de invitados. Las piñatas pueden venderse directamente a los usuarios o, al por mayor, en las tiendas.

72 .- Decoración de Toallas

Este trabajo es más fácil de lo que usted piensa. Las toallas se compran lisas (o sea, de un solo color) en cualquier tienda; si desea, las puede bordar a mano o con una máquina de bordado. Un simple detalle puede convertir su toalla en una bella obra de arte, sin la necesidad de ser un gran artesano. Son muy solicitadas para colocarlas de adornos en los cuartos de baño. Incluso, encontrará personas que la comprarán para obsequiarlas, ya que también constituyen un hermoso regalo.

73.- Pintar Cuadros para Vender

Usted puede hacer diseños para pintar cuadros preciosos, en cartón, tela, madera, plástico, u otro material. A todas las personas les gusta adornar las paredes de su casa o apartamento con cuadros. Los motivos para los cuadros son muy variados y se necesita buena imaginación, creatividad y destreza para esta actividad. Así que, con un poco de cada uno de estos atributos con que la naturaleza ha dotado a muchas personas, se puede desarrollar un tremendo negocio.

74.- Armar Rompecabezas y Enmarcar Paisajes para Venderlos como Cuadros

En los "mercados de pulgas" se encuentran con frecuencia, decenas de cajas con juegos de rompecabezas, que si usted los arma y los ubica en un cuadro, fácilmente lo podría vender como nuevo. Solo tiene que tomar las piezas, armarlo con un pegamento de base y enmarcarlo. Finalmente, tendrá una figura que puede despertar el interés de los compradores. Trate de confeccionarlo antes de pegarlo para tomar la muestra de la figura y consultar con alguien su interés. De igual manera, en muchos calendarios y otras publicaciones aparecen paisajes hermosos, los cuales, si aparecen enmarcados, se convierten en cuadros preciosos.

75.- Zootecnia (Disecar Animales)

Disecar animales parece un poco extraño, pero es una realidad que muchos desconocen. Casi siempre a los dueños de mascotas les gustaría conservar un recuerdo de su animalito querido, lo cual usted podría proporcionárselo disecándolo. Este mecanismo, conocido como Zootecnia, es muy sencillo, utilizando el procedimiento de limpiar cuidadosamente el interior del animal fallecido, de manera que sus intestinos no se conviertan en un obstáculo para su trabajo de embalsamado. En la farmacia cercana a su casa le informarán sobre los productos que puede utilizar en el proceso. Trate de que el animal no pierda su figura estética ni su comtextura física; su dueño estará muy bien agradecido y usted muy complacido de haber hecho un buen negocio.

76.- Decoración de Interiores: Apartamentos y Casas

La clase media-alta de la sociedad tiene por costumbre, al momento de comprar una casa o apartamento, pagar para que los especialistas en decoración de interiores, les adornen la vivienda con un toque de ternura que demuestre un cambio de apariencia. También hay quienes gastan una fortuna en decoración de las habitaciones de los niños. Para esto debe poner a volar la imaginación y demostrar su alto grado de creatividad. Los trabajos llegarán por recomendación, por lo que debe poner todo su empeño en cada uno de los trabajos de decoración que realiza. Los accesorios a utilizar pueden ser compradas con el anticipo depositado por el propietario de la vivienda, o el dueño del trabajo.

77.- *Crear Pasatiempos para Niños, Rompecabezas, Crucigramas, etc.*

La confección de pasatiempos para menores es un oficio que deja resultados favorables, ya que son las personas más atraídas por los juguetes. Muchos pueden confeccionarse utilizando modos sencillos de fabricación y una menor proporción de material gastable como cartón, papel, lápices de colores, etc.; mientras que otros prefieren un método más elevado para el entretenimiento de sus menores, tales como pasatiempos, rompecabezas, crucigramas, sopas de letras, etc. Estos refuerzan el nivel intelectual y el razonamiento del infante y resulta fácil para los mayores.

78.- *Exportación de Productos de Artesanías*

La exportación de productos hacia otros países genera buenos beneficios, a tal punto que las autoridades gubernamentales se están empeñando cada día más para que sus países sean incluídos en el llamado "Tratado de Libre Comercio". Usted puede ser parte de este gran negocio, llevando artesanías hacia otros países, donde se pueden vender al mejor comprador. Asegúrese de conseguir compradores para garantizar la venta de su mercancía. Tome en cuenta las artesanías de lozas, arcilla o barro, cristal y algunas figuritas de madera preciosa u otros materiales apropiados.

Actividades Relacionadas con Belleza

79.- Venta de Cosméticos

Son muchas las personas que hacen de ésta una actividad productiva, ofreciendo la venta de cosméticos, de prestigiosas firmas comerciales (Avon, Jafra, Amway, etc.) a sus vecinos, por teléfono, en sus lugares de trabajo, etc. Es un tipo de pequeño negocio que generalmente las personas desarrollan en su tiempo libre, como una forma de ganar algún dinero extra.

80.- Venta de Prendas de Fantasías

La delicadeza femenina siempre se ha caracterizado por la apariencia de lucir bien. En un mundo donde esto juega un papel más importante cada día, la venta de prendas de fantasías es una actividad muy dinámica, debido a que el uso de las mismas es una necesidad de primer orden en el diario vivir femenino.

81.- Arreglar el Cabello y Arreglo de Uñas

Hombres y mujeres se gastan mucho dinero y mucho tiempo esperando turno en el salón para el arreglo del cabello y de las uñas. Este es un servicio que se puede ofrecer a domicilio y en tiempo libre. Si usted les ofrece la facilidad de ahorrarles el tiempo de espera en el salón de belleza a las personas, de seguro que usted estaría tan ocupada que le quedaría poco tiempo disponible. Usted puede tener un equipo ambulante para esto.

82.- Diseñar y Vender Adornos para el Cabello

Las niñas casi siempre usan adornos para el cabello y muchas mujeres también los usan. Es inmensa la variedad de adornos para el cabello, que puede ser diseñada y es algo que no conlleva una gran inversión y no resulta difícil su confección. Estos artículos pueden ser ofrecidos en tiendas donde venden accesorios femeninos y también desde su propio hogar. Desarrolle su creatividad y haga de estos un negocio exitoso.

83.- Hacer de Modelo

Las aptitudes humanas que pueda tener para hacer de modelo, modelar ropa, participar en anuncios publicitarios, revistas, periódicos, televisión y en certámenes de belleza, es un negocio lucrativo y muy bien pagado. La figura estética, belleza, talento y carisma, son solo algunos de los atributos que debe poseer. Luego, hágase acompañar de un representante que se encargará de buscarle trabajos a cambio de pagos por comisión.

Actividades Relacionadas con la Confección y Diseño de Ropa

84.- Confeccionar Prendas Femeninas de Vestir

Si usted tiene la habilidad para coser, esta es una gran oportunidad para desarrollar este arte; usando todas esas revistas de modas, usted podría diseñar prácticamente cualquier tipo de moda y muy pronto puede estar tan ocupada que sería necesario establecer un negocio de gran magnitud, bien organizado, con más personal de trabajo y mayor cantidad de equipos. Tiene mucho campo para crecer en esta área de negocio.

85.- Tejer Manteles o Hacer Bordados

Muchas amas de casa prefieren comprar sus manteles tejidos a mano si usted se los ofrece, en lugar de ir a las tiendas; todo depende de los diferentes diseños que usted les presente. Estos pueden ser tejidos con diferentes adornos, diseños sobre la tela, manteles pequeños para mesitas de noche, para gaveteros, etc.

86.- Confeccionar Pantalones y Camisas para Vender

No solamente hacer pantalones y camisas es una actividad lucrativa, sino también haciendo arreglos o ajustes y alteraciones en estas prendas de vestir. Por ejemplo, cambiar zippers, arreglo de ruedos, reforzar costuras, etc. Con una simple máquina de coser usted tiene para empezar un negocio.

87.- Confeccionar Vestidos de Novias

Esta especialidad, por ser tan delicada, se cotiza muy bien, ya que no muchas personas se dedican a ella, a pesar de ser una necesidad para la cual las personas interesadas estarán en la mejor disposición de pagar el costo de la delicadeza, combinado con el adornamiento que complementará la belleza de la novia que usará el traje. Más que un oficio, esto es un arte.

88.- Confeccionar Ropa de Maternidad

No todas las tiendas de ropa disponen de las prendas y accesorios que cubren todas las necesidades de la ropa de maternidad. Si usted se especializa en esta rama, puede establecer un negocio que le rendirá muy buenos beneficios.

89.- Confeccionar Ropa para Recién Nacidos

Al igual que la anterior, esta actividad es muy remunerativa debido a que, para toda mujer embarazada, es imprescindible obtener la ropa de su bebé para cuando este nazca. No olvide que toda madre quiere que su hijo(a) al nacer luzca bien vestido.

90.- Confeccionar Bolsos y Carteras

He aquí otra actividad relativamente sencilla de llevar a

cabo. Si usted confecciona bolsos y carteras en diferentes materiales y estilos variados, usando para ello colores a la par con la última moda, puede hacer de ésta una actividad bastante lucrativa y ganar mucho dinero.

91.- Diseño y Confección de Trajes de Baño

La confección de trajes de baño no tiene que ser, necesariamente, una obra de un distinguido diseñador. Proponérselo podría resultarle en un oficio compartido con los famosos y además es muy rentable. Su inversión es mínima en comparación con la venta. Si los hace para mujeres, hombres y niños, todos tienen mucha demanda, pues cada día es más notoria la exhibición de esta prenda de vestir en los diferentes balnearios y playas del país, así como en las piscinas. Sus precios varían de acuerdo al tipo de tela, calidad del traje de baño y el prestigio de quien lo confecciona. Con una máquina de coser y un poquito de esfuerzo, podrá desarrollar esta habilidad que las tiendas comprarían gustosamente.

92.- Diseñar Juegos Decorativos para Baños

Los baños juegan un papel importante en la decoración de un hogar y cada vez, las amas de casas se empeñan más y más por ofrecer la mejor impresión a sus huéspedes; pero el estilo de vida de hoy día, donde tanto el hombre como la mujer pasan la mayor parte del día fuera del hogar en asuntos de trabajo, les imposibilita crear su propio estilo decorativo, obligándolos a comprar en las tiendas. Por lo tanto, este servicio puede ser ofrecido a domicilio, como un trabajo digno de una buena remuneración.

Actividades Relacionadas con Festividades

93.- Animador de Fiestas (D.J.)

La música es el alma de toda fiesta, especialmente dentro de las comunidades hispanas. Usted puede ser el animador o animadora de las fiestas de su comunidad, de sus vecinos u otras comunidades y para ello es muy conveniente que tenga preparada alguna música especial y variada de diferentes países, que pueda deleitar a los participantes. Hágase animador de fiestas y gane dinero mientras se divierte.

94.- Gravar Música Original de Cada País para Vender

Todo extranjero, al venir a los Estados Unidos o irse a otro país, añora su tierra, sus costumbres y sus gentes, siendo la música una de las principales. Así que, si usted le ofrece a cada extranjero que usted conozca, cintas gravadas con música de su propio país, de seguro que pronto habrá levantado un lucrativo negocio. Para esto solo necesita un buen equipo gravador y colectar música de diferentes países. Por supuesto, es conveniente averigüar cual es el tipo de música que más gusta a la mayoría de las personas en cada región o país.

95.- Rentar Sillas para Eventos Sociales

Siempre que se planea celebrar un cumpleaños o una fiesta, generalmente se piensa en invitar a pocas personas, pero estas pocas personas nunca será un número inferior a 20 ó 30, contando padres y niños y, es probable que casi nadie tenga en su casa asientos suficientes para acomodar este número de personas, así que, si usted ofrece alquilar algunas sillas, tendrá siempre en su calendario, por lo menos dos o tres actividades durante cada semana. Recuerde que usted debe ofrecer llevarlas y recogerlas, así como el servicio de acomodarlas, si así el cliente lo desea.

96.- Hacer de Payaso para Fiestas de Cumpleaños

La mayoría de las personas que celebran el cumpleaños de sus hijos estarían ansiosas por encontrar a alguien que se disfrace de payaso y haga reir a los niños. Esta es una de las mayores atracciones para todo niño. Pronto usted puede convertirse en "El Payaso de su Vecindario" y en poco tiempo será bien reconocido, porque los niños se encargarán de hacerle promoción gratis. Para esto, usted siempre deberá tener una colección de chistes y trucos sencillos apropiados para divertir a los niños.

97.- Tomar Fotos para Fiestas, Cumpleaños y Bodas

Muchas personas han hecho de esta actividad una profesión. Es cierto que todas las personas tienen una o más cámaras fotográficas en su casa, pero no todas las personas tienen la destreza para tomar las fotos adecuadas que las personas apreciarán bastante y estarán dispuestas a pagar. Los cumpleaños, bodas, bautizos, etc. son las ocasiones ideales para esto. No olvide que las fotos son indispensables en este tipo de actividades.

98.- Organizar Fiestas para Niños

Muchas personas desearían hacerles una fiestecita a sus hijos por diferentes motivos (el cumpleaños, haber pasado de curso en la escuela, primera comunión, etc.), pero sencillamente no tienen el tiempo para organizarla, ya que hay que comprar, preparar, limpiar, etc., pero si encuentran a alguien quien les ofrezca ese servicio, de seguro estarían gustosos de pagar para ello. No olvide que usted deberá preparar siempre un presupuesto que se ajuste a cada nivel económico de las personas para que pueda tener éxito.

99.- Filmar Videos en Fiestas Familiares, Bautizos, Cumpleaños, Bodas o Actos Culturales

Grabar o filmar aquellos momentos interesantes de la boda, del cumpleaños, o de la fiesta, siempre es bien acogido por los dueños y normalmente buscan poses o las mejores posiciones, con tal de que su figura aparezca de manera sobresaliente en el video. Esta cinta filmada es pagada a muy buen precio. Cómprese una cámara de filmar y aproveche aquellas ocasiones de actividades sociales de sus vecinos y amigos, para ofrecerles la cinta grabada o fílmica.

100.- Llevar Serenatas en Ocasiones Especiales

Aunque esta es una vieja tradición de nuestros países, la cual hemos ido dejando atrás con el transcurrir del tiempo y la modernización del sistema y de la época, sería oportuno empezar de nuevo esta bonita tradición, acomodándola a nuestros tiempos y adaptándola a nuestros nuevos sistemas de vida. Sería algo muy bonito y con potencialidad para establecer un buen negocio. No olvide que la mujer moderna sigue siendo tan romántica como la de los tiempos anteriores.

101.- Diseño de Disfraces y Caretas

El diseño de estos artículos tiene una tremenda opción de negocios, en tiempos de carnavales. La confección de caretas y disfraces originales es cada vez más necesaria para las comparsas o conjunto de máscaras, para los desfiles en los carnavales. Estos atuendos o atavíos (ropaje) pueden fabricarse y adornarse con diferentes tipos de materiales (retazos de telas, pieles, ramas u hojas secas de algunos árboles, cartón, papel especial, goma, etc.). Un medio de exhibición apropiado para estos artículos son los festivales y otras celebraciones populares. También puede considerarse la posibilidad de participar en concursos de caretas y disfraces, donde en ocasiones los ganadores pueden ser seleccionados para museos y para exposiciones internacionales. Hay que tomar en cuenta que esta es una actividad por temporada.

*Actividades Relacionadas con
Trabajos de Oficina*

102.- Hacer Traducciones

Son muchas las personas que tienen que pagar a alguien para que les digan el contenido de una carta recibida y no entienden porque está en otro idioma (generalmente inglés o español). También necesitan que alguien les acompañe a algún lugar específico para una reclamación o para ir al doctor, y en ocasiones la traducción de algún documento. Si usted sabe dos o más idiomas, aproveche su tiempo libre para obtener más beneficios de sus habilidades.

103.- Preparar Planillas de Impuestos

Es bastante fácil aprender a llenar planillas de impuestos Federal y del Estado. para esto solamente es necesario tener dominio del idioma inglés. Los formularios y los folletos son lo suficientemente explícitos y fáciles de entender, de manera que, con un poco de práctica y dedicación, en poco tiempo usted puede aprender a preparar planillas de impuestos. Recuerde que los programas para preparación de impuestos se pueden conseguir fácilmente, pero es necesario aprender lo básico para poder entender los programas y para saber si lo que usted preparó está correcto.

104.- Hacer Trabajos de Mecanografía

Con una pequeña computadora y una impresora en su casa, usted puede escribir cartas para personas que necesitan este servicio, pasar reportes, seminarios, proyectos y cualquier otro trabajo que requiera ser mecanografiado. Hoy día la computadora es mucho más práctica que la tradicional máquina de escribir, pero también se necesita ésta última para algunos casos especiales.

105.- Mecanografiar Tésis para Estudiantes

Este es un trabajo que requiere de mucha delicadeza, mucha precisión, y una excelente presentación; por eso se paga bien. Los colegios y las universidades constituyen un gran mercado para esta actividad, ya que siempre hay necesidad para este tipo de trabajo. Para ello puede establecer un precio ya sea por página, por hora, o como mejor le acomode.

106.- Procesar Correspondencia para Negocios

Esto es básicamente para ciertos tipos de negocios que no tienen un volumen grande de correspondencias y/o reciben cantidades suficientes como para pagar a alguien para que les haga este trabajo. También existen compañías que se dedican a esto y pagan a personas particulares para que pongan cartas dentro de los sobres y los cierren.

107.- Confeccionar Volantes de Promoción

Para esto usted solo tiene que estar al tanto de todos los eventos y actividades importantes que se desarrollan en su comunidad, acercarse a los negocios o grupos que participan, diseñarles los volantes y vendérselos. Las iglesias, discotecas, y negocios de servicios múltiples usan mucho este tipo de propaganda.

108.- Ayudar a Personas a Reconciliar sus Cuentas Bancarias

El cheque es un instrumento de pago que ofrece mucha seguridad, porque a la vez sirve de recibo. Muchas personas mayores o simplemente personas enfermas, con pocos conocimientos para el manejo de cuentas bancarias, usan cheques para pagar, pero nunca saben o no pueden entender cómo están sus finanzas en el banco. Para esto no hay que ser contador ni nada de eso, solo se necesita saber sumar y restar y comparar cifras.

109.- Llevar Contabilidad a Pequeños Negocios

Los negocios pequeños, por lo general, no pueden pagar a un contador público certificado para que éste les lleve la contabilidad del negocio, pero siempre necesitarán de alguien con dominio de la contabilidad para que les lleve sus libros, ya que todo negocio tiene la obligación de llevar registros de sus actividades diarias para cumplir con el asunto de los impuestos tanto Federal como del Estado y de la ciudad. Esto también es de gran importancia porque los dueños de negocios tienen que saber como funcionan las finanzas en su negocio y saber en cada momento cómo están sus ingresos y gastos.

110.- Agente de Seguros

La ley nos obliga a que, al conducir un vehículo de motor, debemos estar provistos de una póliza de seguro que, en caso de accidente, indemnice la propiedad privada o a los afectados en el mismo. Por lo tanto, es una necesidad también tener seguros. Si vendemos estas pólizas podríamos asegurar muy buen dinero, pues deben ser renovadas todos los años. Para ello solo necesita tener un espacio para su propia oficina, una línea de teléfono, ponerse en contacto con la compañía aseguradora y conseguir sus propios clientes, una vez haya obtenido la licencia necesaria.

111.- Agente de Viaje

El interés de las personas de viajar a las naciones de los diferentes continentes permite la facilidad a las líneas aéreas de vender, a gran escala, sus boletos de transporte. Para lograrlo utilizan de intermedio a las agencias de viaje que trabajan por comisión sobre las ventas. Este negocio, igual que el anterior, es bastante sencillo. Solo tiene que depender de su propia oficina (puede ser desde su casa), sacar el permiso correspondiente y contactar la aerolínea que le suplirá los pasajes. Muchos hacen de ésta, una agencia de múltiples servicios. Sus ganancias se hacen jugosas dependiendo de la cantidad de ventas y de la variedad de servicios ofrecidos.

112.- Secretaria Legal

Las oficinas legales de los abogados y notarios, en su mayoría necesitan los servicios de una persona que redacte los documentos, lleve a los tribunales los que necesitan certificación y haga todos los trámites de procedimientos necesarios del titular. Esto significa que, el desempeñarse como Secretaria(o) Legal le permitirá ser un trabajador independiente, lo que puede hacer desde su hogar. Use sus habilidades y empiece a ganar dinero.

113.- Internet (Correo Electrónico)

El mundo de la cibernética es el invento más importante y novedoso de la actual generación. Su uso facilita mayores comodidades en el campo de la tecnología, y permite al mismo tiempo localizar o desplegar información a la mayor brevedad posible. Puede comunicarse con personas de todo el mundo a través del hilo telefónico, usando su computadora y se lo ofrecen un sin número de compañías. Con el Internet o correo electrónico usted puede trabajar desde la comodidad de su hogar haciendo traducciones, escribiendo artículos periodísticos, promoviendo algún servicio, enviando correo electrónico. Además, se entera de los acontecimientos mundiales con mayor rapidez que los diarios y otros medios de comunicación. Lo que necesita es una computadora, que si no la tiene, podrá usarla en cualquier biblioteca pública de su vecindario. Para facilitarlo aún más, la mayoría de compañías de Internet lo ofrecen en varios idiomas. En ese mismo lugar puede encontrar revistas y libros que le enseñarán a usar el Internet o correo electrónico.

114.- Servicios para hacer Encuestas (Comerciales, Políticas, etc.)

Las grandes companías de expendio de productos y servicios, generalmente prefieren ordenar una encuesta antes de lanzar al mercado un nuevo producto. Igual sucede con los partidos políticos, que tras lanzar a un candidato, procuran conocer la simpatía o el rechazo de la mayoría. Estas encuestas son muy bien pagadas, a tal punto que los medios de comunicación han establecido su propio sistema de encuestadores, cuando están a la espera de una decisión gubernamental de alta trascendencia. Para tomar las encuestas como negocio tiene que tener ciertas habilidades que lo califiquen, tales como la facilidad de resolver problemas matemáticos, saber confeccionar preguntas, tener poder de persuación a través del teléfono y poder resolver cálculos exactos, entre otros. Anímese y esté entre los encuestadores mejores pagados de su país.

115.- Servicios de Investigación de Mercados y Productos

Este tema se relaciona un poco con lo que son las encuestas. Las empresas preparan un sondeo de mercado antes de llevar un nuevo producto al público; éste incluye el interés que puedan tener los consumidores al usarlo, la competencia en el mercado con productos similares, el valor en precio a pagar por el producto y los resultados finales de una encuesta de opinión. Si la empresa delega esas funciones en usted, debe estar preparado para enfrentar un reto que le arrojará muy buenos negocios. Debe mantenerse bien informado sobre los constantes cambios en el mundo de los negocios y las innovaciones de cada día. El éxito de su negocio dependerá de su preparación.

116.- Notario Público

Como su nombre lo indica, el Notario Público es un agente de servicios licenciado para certificar la firma y originalidad de documentos. Este imprime un sello con su nombre, fecha, domicilio y ordenanza del Estado que lo ha autorizado a ejercer la función. En algunos países, para ser Notario Público le exigen que sea también abogado. Pero si vive en los Estados Unidos, solo tiene que solicitar el permiso pagando una contribución y en muchos casos tomar un examen. Para la aprobación del permiso depende mucho su conducta personal.

117.- Agencia de Empleos (con y sin entrenamiento)

El negocio consiste en buscar trabajo a los desempleados, sin importar la categoría del mismo. Acomode un pequeño local donde pueda recibir a las personas que lo visitarán y desde donde hará el contacto con las empresas y negocios que están necesitadas del personal de labor. Muchas agencias le proporcionan entrenamiento al solicitante, como parte de los acuerdos de búqueda de empleos. En la mayoría de las ocasiones, el convenio entre la agencia reclutadora de personal y el solicitante, consiste en entregarle una porción del primer sueldo devengado. Otros tienen una cuota por el cobro de los servicios. La mayor fuente de información para las agencias de empleo son los periódicos y su sección de clasificados. También le agregan la transportación, si es necesario, por lo cual le hacen un cobro adicional.

118.- Centro de Llamadas de Larga Distancia

Estos negocios están muy a la moda. Habilitan un local con varias casetas donde operan los teléfonos, que son controlados desde una oficina central. Lo que hacen es, vender minutos en llamadas de larga distancia que la companía telefónica les ofrece a un precio menor que al consumidor. En estos mismos centros casi siempre operan también los servicios de pagos de electricidad, agua, teléfono y la venta de tarjetas de llamadas, que venden a comisión. Este negocio necesitará de un local.

119.- Vendedor por Teléfono

Muchas compañías que se dedican al área de servicios, prefieren pagar medio tiempo a personas particulares fuera de la empresa, para dedicarlas a hacer citas y convenciendo a nuevos clientes de que usen sus productos, antes que emplear a trabajadores para hacer esta función. Para esto solo tiene que contar con el poder de convencimiento y lograr dos turnos para completar un horario normal de trabajo.

120 Asesoría Técnica para Negocios

Las personas que cuentan con ciertos conocimientos en el área de negocios y dominan a plenitud algunas áreas del comercio, pueden convertirse en asesores para otros futuros comerciantes que, muchas veces, tienen los recursos económicos pero no cuentan con los conocimientos necesarios para desarrollar su propia compañía. Si usted puede convertirse en su asesor, esto le garantizará una posición de mayor desenvolvimiento y sus ganancias crecerán, al igual que las suyas. Usted puede hacer esto con varios negocios al mismo tiempo.

**Actividades Relacionadas
con Reparación**

121.- Cerrajero (Reparación de Cerraduras)

Cuando a usted se le quedan las llaves dentro del vehículo cerrado o en su apartamento o casa, inmediatamente piensa por qué no había sacado una copia extra que pudiera colocar en la cartera. En segundo lugar, a quién puede llamar para que le resuelva la situación. Para cumplir con esa labor está el cerrajero, que con una diminuta maquinita puede confeccionar copias de llaves para abrir cerraduras de puertas de vehículos y casas, combinando piecesitas en un calibrador mecánico. Muchos utilizan una varilla para abrir las puertas de los vehículos que son cerrados con la llave dentro. De cualquier manera que sea, este trabajo tiene su precio.

122.- Reparar Zapatos

Aunque usted quiera dudarlo, esta es una actividad fácil de realizar y que toma poco tiempo. Por ejemplo, lo más común es reemplazar la tapita del tacón del zapato femenino. Cualquier mujer pagaría para que le reparen el tacón de sus zapatos de salir, en lugar de tirarlos y salir a comprar otros nuevos.

123.- Reparar Relojes y otras Prendas

La reparación de relojes es algo no muy complicado y muchas veces el trabajo consiste en reemplazar la batería o arreglar o cambiar la correa o la pulsera del reloj. No es una actividad muy común y por eso es buena oportunidad para establecer este tipo de negocio. Para esto usted necesita cierta destreza y algunas herramientas especiales y materiales de soldadura para diferentes metales.

124.- Reparar Cámaras Fotográficas

Es poco frecuente el que una cámara fotográfica se dañe, pero puede ocurrir por diversas razones y en muchos casos, la reparación es sencilla, por lo que es una actividad que bien puede complementarse con otras. Muchas veces, lo único que requiere un equipo es una buena limpieza y nada más.

125.- Hacer Trabajos Pequeños de Reparación en el Hogar

Hay muchos trabajos de reparaciones menores que usted puede hacer para otros, al igual que los hace para usted; por ejemplo, reemplazar el cordón de la plancha, arreglar la silla del comedor que se rompió, reparar la mesa, arreglar la liquadora comprando las piezas para remplazar, etc.

126.- Hacer Trabajos Menores de Carpintería

Esta actividad no requiere de una gran inversión en herramientas o equipos, ya que en este mundo tan automatizado se ofrecen instrucciones prácticas para que uno haga las reparaciones de carpintería uno mismo. Hay muchos trabajos menores de carpintería, para los cuales no se requiere una gran destreza. Las herramientas básicas para esto incluyen martillo, serrucho, destornilladores y alicates, entre otros.

127.- Poner Lozetas o Cerámicas en Baños y Cocinas

A muchas personas que tienen su casa les gustaría cambiar o reemplazar las lozetas o cerámicas de su baño o de su cocina, pero en muchos casos no saben donde pueden conseguir a alguien que les pueda hacer este trabajo. Si usted tiene esta habilidad y les ofrece ese servicio, puede muy pronto tener tanto trabajo que necesitaría buscarse ayudantes.

128.- Reparar Gomas de Vehículos

Un pequeño taller de reparación de gomas de vehículos es un negocio muy activo que tiene trabajo todos los días. Así que, anímese a abrir su negocio para la reparación de gomas de vehículos.

129.- Reparación de Radio, Televisión y VHS (Videocassettes)

La reparación de electrodomésticos, como radio, televisión y VHS, es una actividad que siempre ha generado buenos ingresos debido a que, no siempre resulta más económico el comprar uno de estos equipos nuevos, que reparar el que se dañó por alguna razón. Si usted tiene la habilidad para esto, solo tiene que animarse a ofrecer el servicio, ya que siempre habrá quien tenga esta necesidad. Este servicio puede ofrecerse a domicilio, con un pequeño equipo de herramientas y materiales.

130.- Reparación de Bicicletas

Las bicicletas son un medio de transporte bastante económico que abunda mucho en ciudades de amplio congestionamiento de tránsito. Los niños y adolescentes sienten preferencia por estos vehículos tirados por dos ruedas y un par de pedales. Aprender a repararlas es muy sencillo puesto que, su funcionamiento no depende de un motor mecánico y tienen muy pocas piezas que las hacen funcionar. Como en la mayoría de los países cuentan con este sistema económico de transporte, eso significa que el negocio está garantizado por mucho tiempo. El costo de los arreglos no es muy elevado, pero la frecuencia con que se reparan compensa su valor. Siempre habrá necesidad de hacer algún arreglo (ajuste de los frenos, cambio de gomas o de la rueda, ajuste de la cadena, etc.) Abra su pequeño taller y reciba ingresos por este concepto.

131.- Reparación de Máquinas de Escribir

Aunque el uso de la computadora se ha generalizado bastante, esto no quiere decir que se haya sustituido totalmente la máquina de escribir, debido a que, en toda empresa se necesitará la máquina de escribir, ya que hay ciertos tipos de trabajos que tienen que ser hechos a máquina, porque no todo puede hacerse en la computadora. Es por eso que todavía también se requiere el servicio de reparación de este equipo.

132.- Reparación de Computadoras

Esta es otra actividad que cuenta con gran demanda en el mercado, debido a que la computadora es un equipo que no falta en la mayoría de los negocios hoy día, así como en miles de hogares. Especialícese en este campo y haga de ello una profesión lucrativa.

133.- Refrigeración y Aire Acondicionado

Dedicarse al trabajo de reparación en refrigeración y aire acondicionado podría resultar en un negocio lucrativo. Hoy en día es una necesidad en la mayoría de los hogares poseer un refrigerador (nevera) y un aparato de aire acondicionado; aprender a repararlos le garantizaría un oficio de por vida. Además, son muy pocas las herramientas que necesita y ambos equipos del hogar no cuentan con garantía ilimitada. Pregunte en las escuelas técnicas de su área, cómo perfeccionar sus conocimientos en este sentido. Con frecuencia, estos enseres del hogar sufren daños, que resulta más económico repararlos que pensar en uno nuevo. Si no tiene local, también puede ofrecer el servicio a domicilio.

134.- Reparación de Botes y Yates

La reparación de yates y botes es para personas calificadas. Los técnicos en esta materia no son muy frecuentes, tal vez por la complejidad del caso. La mecánica anfibia tiene la limitante de que, quienes se especializan en estos menesteres, tienen la gran posibilidad de tener trabajo garantizado por mucho tiempo, puesto que el entretenimiento de muchas personas ricas o adineradas, es la aventura motorizada en el agua. Los lugares de entrenamiento de esta mecánica no son muy frecuentes, pero si tiene algún pariente que le pueda permitir la práctica, debe aprovecharlo al máximo y ser uno de los escasos mecánicos de barcos, yates y botes.

135.- Electricidad de Vehículos

Los mecánicos de vehículos pocas veces tienen el conocimiento elemental sobre electrónica para trabajarle a su automóvil. Por lo tanto, si necesita reparar un problema de electricidad, alarma, alternador, aire acondicionado, adornos y accesorios de su auto, tendrá que recurrir al electricista de vehículo. Hay un amplio mercado para los entendidos en esa materia y los técnicos cada día son más necesarios.

136.- Desabolladura y Pintura de Autos

El asunto de los autos siempre será un buen negocio. Partiendo de su importancia como medio de transportación, los autos siempre serán un medio de sobrevivencia para muchas personas, ya sea en la venta como en la reparación de los mismos. Uno de los trabajos más delicados es el de desabollar y pintarlos, pero asimismo se considera su costo. Hay quienes consideran cambiar un carro antes que alinearlo nuevamente y pintarlo, ahí depende mucho la edad del vehículo. Lo que sí es cierto que, el vehículo muchas veces luce tan bonito como nuevo.

K

Actividades Relacionadas con Quehaceres del Hogar

137.- Ofrecer sus Servicios de Ayudante a Personas muy Ocupadas

Hay tantas personas tan ocupadas hoy día, que no vacilarían en pagar a alguien de confianza que les pueda ayudar a hacer muchas de esas cosas que hay que hacer, pero falta tiempo, no lo pueden hacer todo, como por ejemplo, ir a pagar el alquiler de la casa, pagar la luz y el teléfono, hacer la compra en el supermercado, o hacer cualquier otro mandado. Simplemente usted solo tiene que ofrecer este servicio y demostrar responsabilidad y confiabilidad.

138.- Hacer la Lavandería para Personas muy Ocupadas

Esta actividad le toma mucho tiempo a las personas muy ocupadas y preferirían encontrar a alguien a quien pagarle para que les hagan la lavandería. Para esto no se necesita ninguna experiencia, ya que las máquinas se encargan de hacerlo todo.

Actividades Relacionadas con Decoración

139.- Lustrar o Dar Brillo a Muebles del Hogar u Oficinas

La mayoría de los hogares tienen muebles del cuarto de dormir que necesitan ser limpiados y/o lustrados cada cierto tiempo debido a que, toda ama de casa quiere que su cuarto de dormir luzca lo más elegante posible. No solo el cuarto de dormir tiene muebles que necesitan ser limpiados y lustrados, sino también el comedor y la sala. Así también, las oficinas tienen muebles de madera y de metal que requieren de una pintadita o brilladita de vez en cuando. Aproveche una visita a la casa de su vecino o a la oficina y pregunte si a la persona le gustaría este servicio, el cual usted puede ofrecerles.

140.- Hacer Decoraciones para Navidad y Otras Festividades

Estas tradiciones generan mucha actividad que envuelven dinero y tiempo. A la mayoría de las personas les gustaría hacer su decoración, pero para muchos, el tiempo es escaso y prefieren pagar a alguien que se los haga. Esto generalmente puede hacerse en tiempo libre y solo se necesita un poco de dedicación. Esta actividad también debe ofrecerse con el servicio de recoger los adornos y árboles de navidad una vez llegado el momento de retirarlos o quitar la decoración.

141.- Diseñar Decoración para Lámparas

Es muy variada la cantidad de diseños que puede hacerse

para la decoración de lámparas de salas, mesas de noche, así como para el cuarto de los niños. Esta última podría ser una innovación que daría muy buenos resultados.

142.- Cultivar Plantas Ornamentales para Vender

A muchas personas les gusta adornar su casa o su oficina con plantitas pequeñas. Existe una gran variedad de plantitas y cactus que no resulta difícil cultivar en tarritos, para ofrecerlos en venta. Son artículos que siempre tienen buena demanda. Para complementar el negocio, usted mismo podría fabricar los tarros, en materiales de barro, cerámica, metal, etc.

143.- Servicios de Plomería

En casi todos los hogares siempre habrá alguna reparación menor en las cañerías o tuberías de agua por lo que, cada día se hace más necesaria, la presencia de un plomero que preste servicio a domicilio. Para desarrollar esta actividad solo necesita equiparse de algunos instrumentos mecánicos necesarios, los cuales puede cargar en un maletín, para las reparaciones que necesiten atención inmediata. Con el servicio de un teléfono o localizador electrónico, usted logrará mantenerse en comunicación con la clientela. Recuerde, en algunos lugares puede ser necesario que requiera una licencia que acredite sus conocimientos.

Actividades Relacionadas con Enseñanza

144.- Enseñar a Tocar Instrumentos Musicales

Si usted es una de esas personas que tiene cierta destreza para tocar instrumentos musicales, esa es una buena oportunidad para desarrollar así su propio negocio, porque siempre habrán personas interesadas en aprender a tocar algún instrumento musical. A muchos padres también les gustaría que sus pequeños aprendieran a tocar algún instrumento musical. Ofrézcales enseñarles.

145.- Enseñar Idiomas (Inglés, Español u Otros)

A muchas personas que hablan otro idioma, (americanos) les gustaría aprender a hablar español, pero no tienen el tiempo para ir a la escuela. Por su parte, los hispanos tienen la necesidad de aprender a hablar básicamente el idioma inglés, pero se les hace difícil ir a la escuela. Esta actividad se cobra por hora y existen muchas personas interesadas, de manera que usted puede contar con clientes tanto hispanos como americanos.

146.- Dar Clases Particulares de Belleza

El campo de la belleza es uno de los más amplios, dinámicos y remunerativos, debido a la gran demanda con que cuenta, ya que es un servicio de primera necesidad para la mujer moderna, al igual que para muchos hombres también, en un mundo donde la apariencia personal es considerada el factor determinante que identifica a cada persona. Así que, usted podría dedicarse a impartir clases de belleza, si cuenta con los conocimientos.

147.- Enseñanza y Entrenamiento en el uso de Computadoras

Con el uso generalizado de la computadora hoy día, son muchas las personas que tienen acceso a este moderno y útil equipo, pero aveces las personas no tienen los conocimientos necesarios para el uso y manejo de dicho equipo. Si usted tiene buenos conocimientos en el uso y menejo de la computadora, es una buena oportunidad para ofrecer sus servicios en la enseñanza y entrenamiento para aprender a menejar la computadora.

148.- Maestro(a) de Enseñanza Escolar

Cada día son mayores las plazas laborales disponibles para los educadores. Su ventaja es la gran necesidad de aprendizaje entre niños y adultos carentes de una educación básica o elemental, que los prepare para el desarrollo en la vida cotidiana. La facultad de educador la puede cultivar toda persona capaz de orientar o enseñar alguna materia, ya sea leer o escribir, así como también la enseñanza de un oficio. Para ejercerlo, solo necesitaría un poquito de dedicación, esfuerzo y voluntad.

149.-Escuela de Choferes o Conductores

Las escuelas de choferes ambulantes han proliferado bastante en países latinoamericanos, igual que en los Estados Unidos. Lo que sucede es que, cada día los aspirantes a manejar un vehículo son mayoría entre los aplicantes a tomar el examen de conductor. Estas escuelas ofrecen las instrucciones de manejo y sobre las leyes estatales de transportación, que lo autorizan a conducir un vehículo de motor. Los gobiernos otorgan una licencia de manejar a cada chofer autorizado, luego que son entrenados por las escuelas de choferes. Generalmente, los estudiantes pagan una cuota periódicamente para los entrenamientos. Solo necesita una autorización estatal, un modesto local para las clases y vehículos para los entrenamientos.

150.- Entrenador Deportivo

Los entrenadores deportivos juegan un papel muy importante en la vida cotidiana. Estos son personas muy preparadas físicamente para orientar a otros sobre cómo mantenerse en forma saludable, bajo un régimen de ejercicios y alimentación. Generalmente, son utilizados por celebridades y artistas que necesitan mejorar su figura, ejercitándose regularmente. Sus honorarios son muy bien cotizados y puede formarse en un gimnasio. Debido a que muchos prefieren entrenar en una habitación de su casa u oficina, es que los Entrenadores Deportivos tienen la encomiable tarea de enseñar ejercicios y estar en forma, por un sueldo.

Actividades Relacionadas con Animales Domésticos

151.- Cuidar Animales Domésticos

En los Estados Unidos, por ejemplo, puede decirse que existen tantos animales domésticos como niños en los hogares; pues una gran mayoría de personas tiene, por lo menos, un animal en la casa. En muchos casos tienen más de uno porque tienen el perro, el gato, canarios u otro animal doméstico. Esto significa que, cuando las personas que tienen animales desean o tienen que salir por más de dos o tres días, necesitarán de alguien quien tome cuidado de sus animales y para ello tienen que pagar. Ofrézcales sus servicios y gane dinero en el cuidado de animales cuando los dueños están fuera.

152.- Sacar Perros a Pasear de Personas muy Ocupadas

Puede decirse con toda certeza que, en los Estados Unidos, son varios los millones de perros que viven con sus dueños en la casa o apartamento, tanto así que la mayoría de las personas que tienen estos animales los cuidan tanto como a los niños. Si usted se familiariza con los dueños de perros, muchas de estas personas estarían muy contentas de encontrar a quien pagarle para que les saque sus perros y también para que se los lleven al veterinario o al salón, cuando sea necesario.

153.- Criar Peces para Vender

Es muy buena idea el criar peces en colores para vender,

mejor aún si usted mismo puede ofrecer la pecera. Diferentes son los precios a que se pueden vender estos animalitos; todo depende de lo raro del animal y su variedad de colores. Muchas personas prefieren tener peces en su casa, en lugar de otro animal, puesto que su alimentación y cuidado es más económico y más sencillo y es parte de la decoración del hogar. Las peceras se hacen con varios trozos de cristal y es adornada con figuritas extraídas de las playas, como algas y pequeños troncos de plantas y caracoles.

154.- Crianza y Engorde de Cerdos y Chivos (Cabras)

Las regiones agrícolas tienen un gran potencial de negocios. Para quien desea depender de su propio negocio, basta con invertir un dinerito y comprar Cerdos y Chivos (Cabritos) y dedicarlos a la crianza y engorde para su venta posterior. El corto ciclo de preparación le facilitará un buen ingreso, ya que su carne está considerada entre los productos de la dieta diaria de los latinoamericanos y su consumo se manifiesta en gran escala en ese sector. Un pequeño corral y la buena alimentación hará del animal su joya más preciosa para garantizar sustanciales ingresos económicos.

155.- Granja para Aves de Corral y Vivero

La crianza de gallinas, pollos, patos, pavos, guineas, palomas, codorniz, ganzos, etc. constituye otra gran parte de la producción para el consumo de carnes de mayor demanda en la población. Esto se debe a que, numerosos estudios de investigación han demostrado que la carne blanca es la que menos daños produce al organismo humano, al tiempo que ofrece muy buen sabor y a un precio más accesible. Para criar estas aves solo necesitamos una granja y alimentarlas con diversas semillas; muy pronto usted empezará a ver los resultados con los huevos, los que también puede vender. Las granjas avícolas son un buen potencial para los negocios convertidos en viveros.

Actividades Relacionadas con Viajes y Paseos

156.- Organizar Viajes de Grupos (Tours) a Lugares de Interés y Diversión

Las escuelas, los grupos religiosos y los grupos culturales y clubes constituyen una buena fuente para ofrecer viajes de recreo y diversión de grupos. Existen muchas compañías de transporte que alquilan pequeños, medianos y grandes autobuses para estos propósitos. La mayoría de las personas prefieren estos viajes de grupos, porque les resulta mucho más práctico y económico. Dedíquese a organizar viajes de paseos para grupos y obtenga buen ingreso con esta actividad.

157.- Servir de Guía en Viajes de Grupos

El servicio de Guía Turístico es muy bien pagado en cualquier país del mundo, ya que cuando se hacen viajes de grupos, siempre se necesita de alguien que conozca el lugar que se visita, que sepa un poco de su historia y algunos otros aspectos importantes que hacen del mismo un lugar turístico, para que se les pueda explicar a los integrantes del grupo los motivos que conforman lo atractivo de ese lugar. Antes de empezar, recuerde que debe documentarse y familiarizarse con el lugar y su historia.

***Actividades Relacionadas con
Asuntos Técnicos***

158.- Escribir Libros o Historietas para Niños

En un mundo tan convulsionado como el que vivimos actualmente, cada día se hace más indispensable el entretenimiento sano y divertido de los millones y millones de niños en nuestra sociedad. Con solo un poco de creatividad y humor, usted tiene las herramientas necesarias para desarrollar esta habilidad y de seguro obtendrá muy buenos resultados. Los libros o historietas deben ser bien ilustrados y de pocas páginas, escritos en lenguaje muy sencillo. Como complemento, a cada obra se le puede agregar un par de páginas con laberintos, rompecabezas, crucigramas, etc, relacionado con el tema, para afianzar el entendimiento del mensaje en el niño.

159.- Programación de Computadoras

Esta es una actividad que se cotiza a muy buen precio en el mundo de la computadora debido a que, la misma requiere de conocimientos muy especializados y esto sí que tiene un campo amplio donde ofrecer ese servicio. Es una actividad por la cual se cobra normalmente por cada hora de servicio.

160.- Locutor de Radio o Televisión

Hay una opinión generalizada sobre la definición de la palabra locutor. Se le llama así a toda persona que habla a través de un micrófono para dirigirse a un público determinado. Para hacer uso contínuo del micrófono, debe contar con cierto grado de preparación y la debida autorización de las autoridades competentes. Los estudios pueden realizarlos por su propia cuenta, mientras que la plaza de trabajo es bastante amplia. El mayor secreto está en los conocimientos y preparación y lograr una notable educación de la voz. Entre sus múltiples facetas podemos mencionar: Narrador, Comentarista, Declamador, Animación Musical, Noticioso, Ceremonial, Deportivo, de Espectáculos, etc. El de televisión debe ser más delicado en cuidar la apariencia física.

161.- Recibir Dinero por Derecho de Autor

Muchos estudiosos e intelectuales han asegurado su futuro económico con tan solo inspirarse y ofrecer a los famosos, su talento y dedicación. Escribir canciones, poesías, obras literarias, novelas, y otras literaturas que se pueden ofrecer a artistas o instituciones que paguen derecho de autor por el trabajo, sería lo más indicado en esta delicada labor. Inmediatamente terminada la obra, debe registrarlo en la Biblioteca del Congreso o con el organismo apropiado del gobierno para garantizar sus derechos como autor.

162.- Visitador a Médico

Los centros de salud, consultorios médicos y clínicas privadas, se nutren de medicamentos, materiales y equipos, por medio de personal independiente, debidamente entrenados para ofrecer estos servicios. Por lo tanto, vender productos médicos a doctores y hospitales es un negocio beneficioso ya que, cada vez hay más demanda de parte de los facultativos. El visitador a médico pregunta a los doctores sobre sus necesidades para ofrecerles el suministro que ellos adquieren directamente de manos del distribuidor. Para tomar un entrenamiento en ese sentido, debe visitar la escuela técnico-vocacional más cercana de su vecindario.

163.- Investigador Privado

Hoy en día el papel que desempeña un investigador privado tiene mucha demanda, tanto por agencias privadas como por personas particulares que se proponen confirmar o negar, particularmente, alguna duda sobre determinada relación familiar, de negocios o financiera. Cuando existe una situación de dudas y merece encontrar una explicación, es preferible contratar un Investigador Privado para desentrañar, en base a pruebas, la veracidad o negar el rumor. Este goza de plena libertad para desempeñar su trabajo, que consiste en vigilar o averiguar información. En su equipo de trabajo le acompañan cámaras fotográficas y fílmicas, grabador y una libreta de apuntes.

164- Escritor de Libros y Novelas

Si usted es de los que se inspira, tiene buen hábito de lectura y cuenta con la capacidad de narrar con facilidad la historia de algún acontecimiento, ponga a volar su imaginación, plásmela en papel. Si escribe libros o novelas, muchos editores pueden estar interesadas en su material para fines de publicación; ellos mismos se encargarán de la distribución en las librerías. Otra forma de publicarlos sería con recursos propios, pero deberá encargarse directamente de la venta. Si está interesado en este tipo de negocio, ármese de voluntad y empiece a escribir; de todas maneras, es una bonita experiencia poner en práctica lo aprendido. Una forma de contactar las casas editoriales es buscando en la guía telefónica.

165.- Ebanista (Confeccionar Efectos del Hogar para Venderlos a las Tiendas)

Las tiendas de eletrodomésticos siempre tienen una ebanistería que les suministra los muebles y otros enseres del hogar; si usted puede proveerlos, habrá hecho un buen negocio. También puede hacerlos de manera independiente, confeccionando, desde su casa, mesas, sillas, vitrinas, gaveteros, camas, mesitas de noche, muebles, juegos de cocina, etc. y poniéndolos en lugares de exhibición o por donde frecuenta mucho público. Puede hacerlos, además, por encargo.

166.- Técnico en Reparación de Máquinas de Coser

El uso de la máquina de coser está muy lejos de desaparecer en el mundo de la globalización, ya que los seres humanos nunca dejarán de vestir su cuerpo. Cada día, los países desarrollados abren sus puertas a otras naciones como parte del común acuerdo del libre comercio de textiles y las llamadas zonas francas, que se dedican a la confección de ropas; son el foco de la empleomanía en diferentes países latinoamericanos. De ahí la importancia de la máquina de coser como instrumento de trabajo. Los mecánicos o técnicos en máquinas de coser, aseguran un trabajo duradero, el cual pueden hacer a domicilio, sin la necesidad de contar con muchas herramientas. El entrenamiento es sencillo y poco complicado, debido a que estos equipos dependen de muy pocas piezas. Puede trabajarlo en un local, o de manera individual.

167.- Mecánica Dental

La elaboración de dientes y piezas dentales, como caquetes, puentes y otras, es una actividad propia para técnicos dentales. Esta no es para médicos dentistas, pero sí se requiere que la persona cuente con un título que lo acredite como técnico en la materia de mecánica dental.

168.- Publicista

Un publicista ofrece sus servicios a cualquier empresa o individuo en particular, que desee promocionar un determinado producto o servicio. Su influencia con el manejo de los medios de comunicación es determinante para el desarrollo de su trabajo. El publicista sirve de intermediario entre la empresa y los medios, facilitando el servicio de asesoría en la promoción de la companía. Para ejercerlo, solo necesita un teléfono, computadora y máquina de fax, que podría manejar desde su casa.

169.- Impresor

Si usted tiene conocimientos de imprenta se dará cuenta de que, solo con una máquina impresora, computadora y papel, podrá hacer de éste un gran negocio. Son muchos los pequeños negocios que hacen su promoción utilizando hojas sueltas, tarjetas postales, posters publicitarios, etc. Igualmente, los ejecutivos, vendedores y demás personal de negocios, utilizan a menudo la tarjeta de presentación para identificarse y usarla como medio de propaganda. De igual manera, también podrá imprimir libros, revistas y periódicos. El arte lo hacen otras personas que tienen computadora y otros equipos apropiados.

170.- Servicios Creativos: Anuncios, Líricas de Canciones, Jingles, etc

Escribir anuncios comerciales para radio, periódicos, diarios, revistas o televisión, jingles comerciales para estos medios, o líricas de canciones para artistas, resultaría en un negocio poco riesgoso. Su inspiración es la base de este trabajo, el cual podrá ofrecer a los interesados. Casi siempre, los medios electrónicos no cuentan con el personal necesario para dedicar personas exclusivamente a los servicios creativos. Por otro lado, en la mayoría de las ocasiones, los artistas deben depender de los compositores que hacen las líricas de sus canciones. Inmediatamente terminado el trabajo, el autor debe proceder a registrarlo a los interesados, lo que podrá conseguir visitando los medios y a través de los estudios de grabación.

**Actividades Relacionadas con otros
Quehaceres u Oficios**

171.- Hacer Letreros para Negocios

Esto se refiere a esos letreros que se preparan en cartón o cartulinas para ser colocados en los cristales de los negocios, como una menera de promocionar algunos especiales de venta de varios de sus productos. Prepárese algunas muestras y preséntelas a los propietarios; de seguro que ellos sentirán que esto puede ser interesante para el negocio. Una vez la necesidad está creada, ahí empieza el negocio.

172.- Hacer Tapicería para Asientos de Carros

Hoy día se hace fácil este oficio porque, en cualquier lugar pueden obtenerse las herramientas y equipos que necesitan para esto. Con la cantidad de carros que hay en las calles circulando día y noche, son muchos los carros que necesitarán alguna reparación menor de tapicería, debido a que, un cigarrillo le perforó el asiento del carro, un niño jugando lo rompió, etc. y no por esto las personas van a cambiar el carro. Usted solo tiene que chequear en los estacionamientos de vehículos o a lo largo de las calles y poner su aviso en el cristal del vehículo. Pronto estará recibiendo llamadas para este servicio.

173.- Hacer Trabajos de Ensamblaje en el Hogar para Fábricas o Factorías

Debido a las dificultades económicas mundiales en los últimos tiempos, una de las principales medidas que han tomado la mayoría de las compañías y fábricas es reducir el personal, pero el trabajo siempre hay que hacerlo. Muchas fábricas o factorías contratan personas para que recojan el trabajo y lo hagan en sus casas, debido a que muchos trabajos de ensamblaje no requieren supervisión.

174.- Hacer Arreglos de Flores Naturales

Esta actividad no tiene que ser exclusiva de las floristerías. Usted puede comprar flores sueltas y preparar sus propios arreglos para venderlos. Si necesita conocimientos adicionales sobre cómo hacer un buen arreglo de flores naturales, en cualquier lugar de venta de revistas o supermercado usted puede conseguir revistas que le proporcionarán esos conocimientos para el manejo en los arreglos. Los arreglos florales siempre constituyen una necesidad por diferentes motivos.

175.- Tomar Fotos Instantáneas para Venderlas

Esto generalmente se hará en actividades de grupos sociales, fiestas, bodas, cumpleaños, primera comunión, o también para recién nacidos. Muchas personas hacen de esta una actividad muy remunerativa. Cómprese su cámara y asegúrese de sacar fotos nítidas y con bonita pose. Eso constituye una actividad que genera buenos ingresos.

176.- Distribuir Volantes de Promoción de Negocios

Muchos establecimientos comerciales usan este tipo de promoción, por la cual pagan a alguien para que les distribuya sus volantes en algunas áreas específicas, generalmente, frente al negocio o muy próximo a éste, por donde circula el mayor número de personas. Ofrezca este servicio y gane dinero, dedicando unas pocas horas a este servicio.

177.- Distribución de Periódicos y/o Diarios en su Comunidad

Los periódicos y/o diarios importantes de amplia circulación, siempre están necesitando personal para distribución. Si usted tiene la facilidad de este servicio con eficiencia, son muchos los medios que solicitarán sus servicios para que les haga este trabajo, en determinadas zonas de su comunidad, o en otras comunidades. De la misma manera, habrán centros comerciales que le ofrecerán pagarle para que les distribuya sus propagandas. Los ingresos pueden estar garantizados mediante un acuerdo de pagos entre usted y la empresa.

178.- Ayudar en Asuntos de Mudanza

Siempre que la gente se va a mudar, normalmente tiene mucho más cosas de las que suponía tener y muchas veces se hace difícil tomar la decisión de mudarse solo de pensar en que no hay quien le ayude. Ofrezca este servicio y conseguirá muchos clientes. También puede complementar el servicio ofreciendo ayudar en la distribución y ubicación de la mudanza en la nueva casa o apartamento. Siempre hay personas que, por una razón u otra, tienen la necesidad de mudarse. Sería conveniente tener su propio vehículo para esto.

179.- Gravar Cintas con Canciones y Cuentos para Niños

A todos los niños les encanta escuchar cuentos y canciones infantiles. Así que, anímese a gravar algunas cintas para ofrecerlas a sus amigos y vecinos que tienen niños y de seguro pronto tendrá mucha demanda. No olvide que los productos para niños son los que más se venden y por ello, esto constituye una oportunidad muy atractiva de negocio.

180.- Servicio Local de Recoger y Entregar Paquetes

Este es un servicio para el cual solo se requiere poseer un vehículo pequeño o mediano y conocer un poco el área donde se piense desarrollar la actividad. Es un servicio de mensajería que puede ser ofrecido tanto a negocios como a personas particulares. Si usted tiene su propio vehículo, esto podría ser de gran ayuda, porque la eficiencia cuenta mucho.

181.- Llevar y Recoger Personas al y desde el Aeropuerto

El viajar es una actividad constante en todos los países del mundo, para la cual toda persona que va de viaje requiere de los servicios de alguien que pueda llevarla al aeropuerto, o recoger a un familiar que regresa. Así que, el establecer un servicio de esta naturaleza le permite a usted estar ocupado en esta actividad todo el tiempo, lo que generará ingresos constantes para usted.

182.- Pintar Verjas y Cercados

Toda casa que tiene verjas o un cercado, ya sea en el frente, o en la parte de atrás (de hierro o madera), de vez en cuando necesitará una pintadita, especialmente en la parte del frente de la casa. Ofrezca este tipo de servicio y de seguro que obtendrá buenos ingresos.

183.- Hacer Comiquitas para Publicar en Periódicos y Revistas

El trabajo creativo en muchas ocasiones es muy bien pagado. Esto es lo que sucede con las personas que se dedican a hacer comiquitas o tiras cómicas para publicar en periódicos y revistas. Lo que tiene que hacer es, pintarlas en papel a lápiz y presentarlas a los medios. Casi siempre piden una secuencia para publicarlas contínuamente. Si esto sucede, tendrá un ingreso fijo de dinero y también puede hacerlo en su tiempo libre. Esto es solo un asunto de creatividad, es decir, poner a trabajar el cerebro un poco más para obtener mayores beneficios económicos.

184.- Confeccionar Logos para Promoción

La mayoría de las companías de renombre tienen un logotipo que las identifica, pero son tantas las que no lo tienen y las nuevas que diariamente surgen, que nos garantizan un buen dinero si nos dedicáramos a confeccionarlos. El logo de una compañía o empresa no es más que el símbolo de su identidad. Es muy fácil confeccionarlo y venderlo a quienes lo necesitan. Con solo papel y lápiz es suficiente. Muchos eventos como festivales y ferias también usan logos en cartelones. Casi siempre el logo es una composición de las siglas del nombre, algo relacionado con los productos o servicios, o que represente una figura con un mensaje, como por ejemplo, una cruz siempre representa un mensaje religioso, la figura de una bombilla encendida lleva el mensaje de una idea, etc. Para esto se necesita también un poco de creatividad e imaginación.

185.- Chofer Familiar

Hay quienes optan por manejar el carro de la familia y transportar a sus parientes hacia cualquier lugar que se desplacen, para cobrar una determinada cantidad de dinero al final de la jornada. Ese mismo trabajo lo puede hacer con particulares. Solo tiene que estar provisto de una licencia de conducir, tener buena reputación y contar con alguien que lo recomiende. Recuerde que hay personas mayores y adineradas que no les gusta manejar, mientras otras no están en condiciones de hacerlo; facilítele ese servicio.

186.- *Diseño de Revistas y Periódicos, Páginas de Internet o Correo Electónico etc.*

El diseño creativo es muy bien pagado en muchas empresas y negocios. Todos los periódicos y revistas necesitan de los servicios de estas actividades para diseñar sus páginas y anuncios. Quienes califiquen tendrán asegurado muy buenos ingresos. Pero si también puede confeccionar páginas para Internet, sus ganancias serán más jugosas, puesto que este es el descubrimiento más novedoso de la presente generación. Para ambos tipos de diseños necesita utilizar la imaginación, un poco de creatividad y poseer una computadora. El servicio de Internet o correo electrónico lo podrá utilizar a través de una línea telefónica.

187.- *Instalar Carpetas, Alfombras, Cerámicas y Azulejos*

Es una necesidad la instalación de carpetas, alfombras, cerámicas y azulejos en apartamentos, casas y negocios. El procedimiento a usar es sencillo el cual puede aprenderse con varias semanas de práctica, mientras que los ingresos por este concepto son sustanciales. La mano de obra de este oficio es requerida con frecuencia por ingenieros y constructores de obras e infraestructuras de todas las categorías. Las edificaciones nuevas, por lo general, deben utilizar por lo menos uno de estos tipos de pisos. Las herramientas a utilizar son de fácil manejo y no requieren de tanta experiencia.

188.- Aprender Magias y Trucos para Exhibición

Muchos han considerado la magia como una forma propia de adivinar secretos o alguna cosa que se esconde, que algunos "magos", acompañados de trucos, presentan en demostraciones callejeras o en salón. En los últimos años ha alcanzado resonancia el presentarse en programas televisivos y grandes espectáculos, como una forma de negocio muy lucrativo que las personas pagan para ver. Aquellos que pueden disponer de su imaginación e inventan trucos y magias que pueden demostrar otros no los hacen, además de cautivar la atención del público, tendrán en sus manos una oportunidad de ganar dinero sin la necesidad de mucho esfuerzo. Debe tener habilidades, destreza y un poco de imaginación. Tambén, caracterizar personajes favorecerá bastante.

189.- Comediante

Algunas personas tienen la habilidad del difícil arte de hacer reír. Eso lo califica para dedicarse a comediante. Inmediatamente listo, busque la manera de preparar su propia presentación, que puede presentar en clubes, centros nocturnos, programas de radio y televisión y hasta en el propio parque. Cada una de sus presentaciones debe tener innovaciones en los personajes y agradar a grandes y chicos. Una manera de descubrir sus habilidades es, presentándose ante grupos de amigos y en actividades sociales. Procure siempre estar actualizado sobre la temática a tratar. También es conveniente, en algunos casos, agregarle un poco de sazón político.

190.- Taxista (Chofer Privado)

Las grandes ciudades usan mucho el servicio de taxis como medio de transporte de sus visitantes y residentes. Para eso debe poseer un vehículo que demuestre buenas condiciones y obtener un permiso de la ciudad donde va a operar como taxista. Las tarjetas de presentación con su número telefónico facilitará al cliente localizarlo tan rápido cuando necesite de sus servicios. El costo de las carreras siempre dependerá de la distancia a recorrer.

191.- Mecánico de Motocicletas

Las motocicletas sufren daños en su maquinaria, igual que cualquier otro vehículo. Repararlas evitaría un deterioro mayor, por el cual su dueño estará en condiciones de pagar. Quien pueda proporcionar el servicio de reparación logrará asegurar el ingreso frecuente de dinero por este concepto ya que, en países como los de América Latina, abundan mucho las motocicletas. Aprender el oficio no le tardará mucho tiempo, pero sí le garantizamos que deberá dedicar tiempo a este trabajo por la abundancia del mismo.

192.- Soldador de Metales: Rejas, Cercas de Hierro, etc.

Hay personas que se han convertido en artistas del hierro, dándole forma al metal hasta convertirlo en una verdadera obra de arte. Cada día los constructores de viviendas y sus propietarios prefieren mayor seguridad en las residencias, instalándoles rejas o cercas de hierro. Si tiene estas habilidades puede desarrollarlas conforme a que dispondrá de uno de los mejores negocios, puesto que estas obras son muy bien pagadas y su uso es muy frecuente. Para aprenderlo solo debe disponer de varias semanas observando a una persona especializada, y al poco tiempo podrá hacer su propia obra. Aunque las residencias son los clientes más cotizados, en los negocios encontrará mucha demanda de mano de obra. Su principal equipo es la máquina de soldar y una prensa para dar olma al hierro.

193.- Corredor (Buscador de Casas, Apartamentos Habitaciones para Venta y Alquiler)

Si está tratano de conseguir un lugar cómodo para vivir y la búsqueda se le hace difícil, no demore en solicitar los servicios de un corredor de bienes raíces. Estos le facilitarán el trabajo y saben dónde están localizados los apartamentos y casas destinadas a la venta y alquiler. Quien haga este trabajo no tendrá que invertir ningún recurso para iniciar el negocio, pues existen diferentes formas de promoverlo y sólo cumplirá con mostrarle el inmueble a los inquilinos o compradores. El corredor es un intermediario que le busca al propietario un inquilino o comprador. Los anuncios en el periódico son su mayor fuente de información, en algunos casos.

**Actividades Relacionadas con
Locales Comerciales**

194.- Edificio para Rentar por Habitaciones

Si es propietario de un edificio, hay dos negocios que puede hacer: Rentarlo por apartamentos o a una compañía que desee instalarse. De las dos maneras es beneficioso, ya que el dinero percibido por la renta mensual le ayudará a cubrir los gastos de servicios para el inmueble y los suyos propios. En la mayoría de los casos, la renta es más segura cuando le alquila a una compañía, que a grupos de familias en particular. Está comprobado que una de las mejores inversiones que existe en todo el mundo es la de bienes raíces.

195.- Rentar Películas, Videos Musicales y Discos Compactos

Hoy día han proliferado las tiendas ambulantes de ventas y alquiler de videos y discos compactos, debido escencialmente a la llegada de la diversificación del mercado. A este negocio de diversión se le agrega el novedoso DVD, que es la grabación en alta resolución de las películas. Como en la mayoría de los negocios, el objetivo es comprar a un precio por debajo al que se va a vender. La mayoría se rentan de un día para otro, por semanas, etc., a un precio muy accesible.

196.- Espacio para Almacenaje (Muebles, Equipos, etc.)

Hoy día es muy frecuente la construcción de edificaciones divididas en espacios apropiados, los cuales son alquilados a personas particulares y a compañías, para guardar muebles, equipos, cajas de documentos, etc. Quien pueda suplir esta necesidad, estará haciendo un negocio redondo, pues solo tendrá que invertir una sola vez. El alquiler de los espacios le generará recursos de por vida, ya que la renta mensual le permitirá asegurar ingresos fijos que ascenderán dependiendo de la cantidad de espacios disponibles. El tamaño de las habitaciones lo decide el propietario y las necesidades que pretenda cubrir.

197.- Club para Juegos de Mesa (Cartas, Dominoes, Bingo, etc.)

Si usted dispone de un amplio local, lo puede dedicar a un club de alquiler para actividades sociales como cumpleaños, quince años, primera comunión, bodas, graduación o para impartir clases. En él pueden haber juegos de cartas, dominoes, bingos, billar, tennis de mesa, etc. El dinero percibido por concepto de la renta lo podrá considerar como un negocio propio del local, sin la necesidad de tener que invertirle periódicamente. Sea dueño de lo suyo y sáquele provecho a sus inversiones.

198.- Alquiler de Herramientas y Equipos para Construcción y Reparaciones Menores

Si tiene las suficientes herramientas para construcción y algunos otros equipos mecánicos de reparaciones menores, usted podrá alquilarlos a personas que las necesitan temporalmente. Casi siempre en los hogares hay algún arreglo que hacer, pero en la mayoría de los casos, no se repara porque no cuentan con las herramientas necesarias, o las personas no tienen tiempo de salir a las tiendas a comprarlas. Quienes se dediquen a este negocio, deberán tener alguna forma de promocionarlo. Muchos constructores tampoco cuentan con la debida selección de equipos. Con el resultado de la renta puede seguir adquiriendo herramientas que, sin proponérselo, terminará formando su propia empresa.

199.- Lote para Parqueo Privado de Vehículos

Si usted dispone de un lote de terreno que puede alquilar para parqueos, padrá asegurar un ingreso fijo que le permitirá disponer de su propio negocio. Para esto no necesita inversión y el mantenimiento será mínimo; busque orientación sobre cuánto pagan los parqueos de su área y tendrá una idea del monto a cobrar. Es muy posible que para este negocio necesite un permiso especial para operar como tal.

200.- Centro para Alquiler de Computadoras y Máquinas de Escribir

En muchos lugares abundan los centros de alquiler de computadoras, fotocopiadoras y máquinas de escribir, para aquellas personas que desean hacer trabajos de oficinas y no cuentan con estos equipos ni con la experiencia necesaria. En estos lugares se pueden hacer todo tipo de trabajos en papel a un módico precio, cuya clientela visita con frecuencia en busca de servicios. Siempre deberá haber por lo menos una persona conocedora del uso de las máquinas para un mejor servicio. Si no puede comprar los equipos, éstos pueden ser rentados y colocados en un local céntrico de la ciudad.

201.- Camión Grúa o Remolque

Uno nunca piensa en una grúa hasta que a su vehículo le ocurre algún daño en medio de la carretera, se revienta una goma y no tiene repuesto, se apaga el coche en medio de la lluvia y la oscuridad, etc. Desde ese momento se dispone a buscar el tarjetero y llamar la grúa. Si usted tiene un camión que puede dedicar a estos menesteres, puede convertirse en un próspero negociante, pues las personas que tienen en sus casas vehículos inservibles, lo llamarán para reciclarlos y usted recibirá dinero por esas chatarras. Además, lo puede vender por piezas. Esto es a parte del dinero que recibirá por remolcar los vehículos dañados. Es reglamentario contar con un permiso de la ciudad y estar dotado de una póliza de seguros para operar como gruero.

Printed in the United States
34023LVS00004B/1-3